会计电算化实训教程

KUAIJI DIANSUANHUA SHIXUN JIAOCHENG

主　编 / 陈永尧　王朝平

副主编 / 李良平　杨淑华　谭华琳　高　杨

参　编 / 周本权　向　鱼　张译莉　许　庆　胡际莲

重庆大学出版社

内容提要

本书为会计专业的学生利用会计核算软件进行操作课的配套实训教材,主要体现学生如何利用财务软件对单位发生的经济业务进行的会计处理。通过专业教师的指导,让学生完成与企业对接的电算化教学技能训练。本书通过清江水轮机有限责任公司一个月实际发生的经济业务进行会计处理训练,包括根据单位经济业务等基本情况,组织整理会计核算软件所需资料,对用友 T3 财务软件进行一系列初始化设置,然后利用学生所学的财务会计知识对该单位 2017 年 12 月实际发生的经济业务进行会计处理,涉及总账、固定资产、工资、购进、销售、库存、会计报表编制、出纳业务等核算模块的操作训练。学生也可以不启用财务软件的购、销、存模块,利用基础设置中的存货分类、存货档案、项目设置存货大类,原材料和库存商品进行数量、项目的辅助核算设置,完成对存货有关业务的会计核算,只进行总账、固定资产、工资、会计报表编制、出纳业务等核算模块的操作训练。

本书是为了适应当前的会计专业技能考试而设计的一本专用训练教材,也可作为中高职《会计电算化实训教程》上机操作训练用书。本实训教程,重点在于训练学生根据相关原始凭证涉及的内容进行电算会计处理,若能达到根据原始凭证涉及的内容进行正确的会计核算,就算达到目的。其中的原始凭证因涉及内容要素多,取证较难,只能模拟,存在原始凭证要素不齐全的情况,也不能用审核原始凭证的要求来衡量,敬请谅解。

图书在版编目(CIP)数据

会计电算化实训教程 / 陈永尧,王朝平主编.--重庆:重庆大学出版社,2020.9
ISBN 978-7-5689-1106-1

Ⅰ.①会… Ⅱ.①陈… ②王… Ⅲ.①会计电算化—中等专业学校—教材 Ⅳ.①F232

中国版本图书馆 CIP 数据核字(2018)第 111087 号

会计电算化实训教程

主 编 陈永尧 王朝平
副主编 李良平 杨淑华 谭华琳 高 杨
策划编辑:杨 漫

责任编辑:李定群 版式设计:杨 漫
责任校对:关德强 责任印制:赵 晟

*

重庆大学出版社出版发行
出版人:饶帮华
社址:重庆市沙坪坝区大学城西路 21 号
邮编:401331
电话:(023) 88617190 88617185(中小学)
传真:(023) 88617186 88617166
网址:http://www.cqup.com.cn
邮箱:fxk@ cqup.com.cn(营销中心)
全国新华书店经销
POD:重庆新生代彩印技术有限公司

*

开本:787mm×1092mm 1/16 印张:10.25 字数:232千
2020 年 9 月第 1 版 2020 年 9 月第 1 次印刷
ISBN 978-7-5689-1106-1 定价:26.00 元

编委会

主　任　赵建国

副主任　何　江　李良平　张光平　程　驰

　　　　李贞惠　唐万军　陈家祥

主　审　魏国权

前 言

　　"会计电算化实训"是中等职业学校会计专业的核心课程和必修课程。本课程以工作岗位任务为导向，以学生为主体，以能力为本位，以培养学生综合职业能力为目标。

　　本书是为了培养会计专业学生的财务一体化综合运用能力而编写的一套集软件功能与中小型工业企业会计业务案例为一体的会计电算化综合实训教材。目前，针对中小型企业的财务软件较多，本书内容涵盖了会计电算化的基本财务功能知识，以用友 T3 畅捷通财务软件为基础，同时兼顾其他财务软件的运用。为了达到培养学生的会计电算化综合实训目的，本书所举例的清江水轮机有限责任公司为一般纳税人。通过会计电算化综合实训，使学生能熟练运用会计电算化手段，全面、系统地掌握中小型工业企业的一个会计业务循环过程。

　　本书针对中等职业学校会计专业学生，以《2013 小企业会计准则》为理论依据，采用项目引领、任务驱动的教学方法，将典型工作任务中需要的技能分成具体工作任务，每个任务以"任务目标"和"具体内容"方式呈现，每个任务把培养能力目的和公司涉及的业务资料相统一，将能力的培养与工作岗位需求统一，体现了任务化、实用化的特点。

　　本书得到了重庆市万州高级技工学校会计专业指导委员会和校企合作指导委员会的大力支持和指导，由学校组织从事多年会计专业教学并有丰富教学经验的教师编写而成。本书主编为陈永尧、王朝平，副主编为李良平、杨淑华、谭华琳、高杨。最后由陈永尧、王朝平进行统稿，并对全书的内容、体例和行文风格等进行了修改和完善。

　　在编写过程中，我们参考了重庆大学出版社出版的原校编实习教材《工商企业会计模拟实习教程》，结合训练目标按财务软件的要求进行了改进。在此，我们向曾经作出贡献的老师们表示诚挚的谢意。

　　由于工作量大,原始凭证为模拟,存在原始凭证要素不齐的现象,但不影响学生根据原始凭证所表达的内容进行正确的会计处理,书中疏漏之处在所难免,恳请广大读者提出宝贵意见和建议,以便我们以后在有条件修改时更好地完善。

编　者
2019 年 9 月

目　录

项目一　实训目的与实训步骤

任务一　实训目的

【任务目标】

了解实训目的和实训要求。

【具体内容】

一、实训目的

本书是为了培养会计专业学生的财务一体化综合运用能力而编写的一套集软件功能与中小型工业企业会计业务案例为一体的会计电算化综合实训教材。目前,针对中小型企业的财务实训较多,本书内容涵盖了会计电算化的基本财务功能知识,以用友 T3 畅捷通财务软件为基础,同时兼顾其他财务软件的运用。为了达到培养学生的会计电算化综合实训目的,本书所举例的清江水轮机有限责任公司为一般纳税人。通过会计电算化综合实训,使学生能熟练运用会计电算化手段,全面、系统地掌握中小型工业企业的一个会计业务循环过程。

二、具体要求

(1)学生能利用财务会计软件,对中小型工业企业建账。

(2)学生能利用财务会计软件,对中小型工业企业进行基础设置。

(3)学生能利用财务会计软件,对中小型工业企业进行工资设置。

(4)学生能利用财务会计软件,对中小型工业企业进行固定资产设置。

（5）学生能利用财务会计软件，对中小型工业企业进行购销存业务有所熟悉。在不启用购销存核算功能模块的情况下，也可以利用基础设置中的"项目设置"功能和会计科目的辅助设置在总账中完成购销存业务的核算。

（6）学生能熟练认识原始凭证，分析原始凭证所蕴含的经济业务，通过会计电算化手段，填制记账凭证，审核、结账，以及编制会计报表。

（7）学生能熟练运用财务软件，分析总账、明细账所提供的相关会计数据。

任务二　实训步骤

【任务目标】

掌握实训完成任务的 3 个步骤和具体要求。

【具体内容】

一、实训准备阶段

实训准备阶段主要包括会计电算化软件操作技能准备和熟悉试验资料两个方面。

1.会计电算化软件操作技能准备

在进行会计电算化综合实训之前，学生必须具备基本的会计电算化软件操作知识，学习《2013 小企业会计准则》，针对中小型企业，基本熟悉企业建账、基础设置、总账、工资、固定资产、采购、销售、库存及编制报表等模块的相关软件操作能力。

2.熟悉试验资料

主要熟悉模拟公司的基本情况、主要会计政策、主要税费、会计核算形式、公司会计信息化信息、期初资料、经济业务及有关说明事项。

二、模拟实训阶段

会计电算化综合实训的具体实验步骤如下：

（1）公司建账。根据清江水轮机有限责任公司 2017 年 12 月份的建账信息，选择相应的会计制度进行建账。

（2）对公司进行基础设置。根据清江水轮机有限责任公司部门、职员、客户、供应商、凭证类别、会计科目及结算方式等相关信息，对公司进行基础设置。

（3）对公司进行工资设置。根据清江水轮机有限责任公司 2017 年 12 月份的业务控制参数,人员类别,代发工资银行名称,工资项目,工资公式设置,职工档案和基本工资数据,工资分摊,代扣个人社保、住房公积金和个人所得税,以及单位负责的社保和住房公积金分摊等相关信息,对公司进行工资设置。

（4）对公司进行固定资产设置。根据清江水轮机有限责任公司 2017 年 12 月份的业务控制参数、资产类别、各部门对应计提折旧科目、增减方式对应科目及固定资产期初资料等相关信息,对公司进行固定资产设置。

（5）认识原始凭证,分析原始凭证所包含的经济业务,编制记账凭证。由于取得原始凭证的限制,部分业务以文字表述。

（6）成本计算。根据清江水轮机有限责任公司 2017 年 12 月份提供的相关资料,计算相关产品的成本。

（7）出纳签字。

（8）审核、记账、对账、结账。

（9）编制会计报表。调用模板,设置报表格式,生成清江水轮机有限责任公司 2017年 12 月"利润表""资产负债表"。

三、实训总结报告阶段

要求实训者对会计电算化综合实训过程进行小结和评价,总结经验,找出不足,写出心得。

项目二　企业简介

任务一　企业基本情况

【任务目标】

熟悉清江水轮机有限责任公司的基本情况,对照后面账套的初始设置,掌握如何整理适用财务软件的"建立账套""部门设置""项目设置或产品明细"初始信息,并模仿整理适应企业财务软件核算的资料。

【具体内容】

模拟实习会计主体(清江水轮机有限责任公司)是一个小型国有工业企业,公司在职职工为200人,退休人员45人。在职职工中,生产工人160人,车间及厂部行政管理人员40人。为了实习操作方便,本书仅选取部分人员进行工资核算。

该公司实行法人负责制。机构设置厂部办公室、财务处、销售部、采购部、仓储部以及3个基本生产车间(铸锻车间、金工车间和装配车间)。公司生产的主要产品水轮机有30多个系列,60多个品种。为了实习简单,方便操作,这里选择了WJ-42型、WJ-50型、WJ-60型3种产品为代表,经过3个车间的分步加工完工验收入库。由于各车间平时是统一发生各项生产费用,月末再按给定条件在3种产品之间进行分配。为方便核算,各车间平时统一在共用产品"水轮机"下按成本项目归集材料费、人工费和制造费用。

该厂厂址:华南市北京路108号;开户行:工行直属营业部;账号:518601-110;纳税登记号:512322123008001;法人代表:张兴万;财务负责人:李红军。

任务二　公司采用的会计政策和核算方法

【任务目标】

熟悉公司会计核算的具体要求、会计政策和会计核算方法,对照后面账套会计科目等的初始设置,学会如何根据单位的核算要求模仿整理适用财务软件的"会计科目辅助核算设置"等基础资料,为使用财务软件核算打下基础。

【具体内容】

一、资产的核算

1.货币资金核算

要求开设库存现金日记账、银行存款日记账,月末按照银行对账单进行对账,并编制银行存款余额调节表。

2.应收及预付账款核算

应收账款按客户设置明细账,应收票据核算按客户设置明细账,预付账款按供应商设置明细账,其他应收款按个人或单位设明细账。

3.设置明细账

在途物资,按采购物资品种设置明细账。

4.原材料

因企业种类繁多,为方便训练实习,进行了较大简化。原材料分为原料、燃料、辅助材料及外购半成品4类。其领用发出采用先进先出法进行核算;销售材料,根据售价计算收入,并逐笔结转成本。另购入材料负担的运费增值税税率为11%。

5.周转材料的核算

周转材料包括包装物和低值易耗品。包装物包括包装箱等,对其领用采用先进先出法进行核算,结转成本采用一次摊销法进行;低值易耗品包括办公桌、办公椅和文件柜等,其中对文件柜的领用按"五五摊销法"摊销核算结转成本,其下设置"在库""在用"和"摊销"3个明细账,只在总账中进行金额核算。

6.库存商品核算

按商品设项目辅助核算。销售产品采用全月一次加权平均法计算与结转已销产品

5

的实际成本。

7.固定资产、无形资产和长期待摊费用核算

固定资产按类别分为房屋建筑物、生产设备、办公设备及运输工具4类,全部为使用中的固定资产,按个别计提折旧。其中,房屋建筑物和生产设备采用平均年限法;运输工具采用工作量法;办公设备采用双倍余额递减法。无形资产按种类设置明细账,摊销期限都为10年。长期待摊费用按支出内容设置明细账。

8.长期债权投资和长期股权投资核算

债权投资是指国库券投资,股权投资是指对三星公司的全部投资。长期债权投资中,2015年1月购入的国库券期限3年,利率14%,到期付本息。本金100 000元,已计提两年利息28 000元。

二、负债的核算

(1)短期借款利息按月计提,按季度支付。该公司短期借款为2017年1月25日生产周转借款,期限1年,年贷款利率7.50%。

(2)应付账款和预收账款:应付账款按供应商设置明细账,预收账款按客户设置明细账,对月末购货入库发票未到的采购业务增设"暂估应付款"科目核算。

(3)公司经税务部门认定为一般纳税人,增值税税率为17%;城市维护建设税率7%;教育费附加费率3%;地方教育费附加费率2%;企业所得税税率25%。

(4)工资薪金。职工缴费工资为2016年社会平均工资。社会保险与住房公积金由会计每月代扣代缴。社会保险单位计缴比例为养老保险20%、失业保险2%、医疗保险8%、工伤2%、生育保险1%;社会保险个人计缴比例为养老保险8%、失业保险1%、医疗保险2%;住房公积金单位与个人计缴比例均为10%;职工福利费用在发生时直接计入"应付职工薪酬——福利费",月末按受益对象分配结转成本。工资薪金采用每月月末计提与成本分配,下月月初发放工资。

三、所有者权益的核算

实收资本中国家资本占70%,清江水轮机有限责任公司占30%,税后净利润按10%计提法定盈余公积,余额按70%向投资者分配利润,30%结存下年。

四、成本费用核算

1.生产工艺流程

该企业产品生产工艺流程如图2-1所示。

2.成本核算业务提示

(1)产品成本计算采用分步分项目结转,即各车间开设生产成本明细账,按"水轮机"产品归集。成本计算程序如图2-2所示。

(2)辅助生产按车间开设辅助生产成本明细账,辅助生产车间发生的间接费用直接

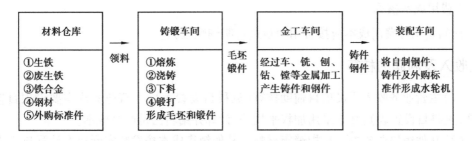

图 2-1 水轮机生产工艺流程图

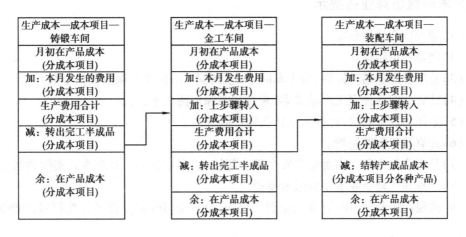

图 2-2 成本计算程序图

计入辅助生产成本。

(3)基本生产车间发生的间接费用应按车间设置"制造费用"明细账进行反映。各车间发生的制造费用月末全部转入该车间基本生产成本明细账中"制造费用"成本项目。

(4)辅助生产费用分配按直接分配法进行分配。

(5)期末在产品成本计算采用约当产量法。铸锻车间:材料一次投入,其他车间耗用材料陆续投入。

(6)该企业设置3个成本费用项目:直接材料、直接人工和制造费用。其中,"直接材料"包括生产过程中直接耗用的材料及电力;"直接人工"归集生产工人的工资及福利费;"制造费用"归集各车间的间接费用。

(7)金工车间领用铸锻车间铸件完工产品的实际成本应全部转入金工车间对应的成本项目中,装配车间耗用金工车间完工产品的实际成本应全部转入装配车间的对应成本项目中。3个车间属于水轮机生产流水线上的3个加工环节,每一个车间的完工产品直接流入下一个车间,作为下一个车间投入的半成品。各车间完工半成品,按其成本项目,直接转入下一车间对应成本项目中,月末再按要求计算各完工产品成本。

(8)装配车间完工产品成本按产品 WJ-42 型、WJ-50 型、WJ-60 型 3 种代表产品的标准质量和定额工时分配计算各种产品成本。

3.费用成本核算

期间费用等费用成本应按费用项目进行明细账核算。

五、收入及利润的核算

（1）主营业务收入要设项目辅助核算（见科目设置表）；主营业务成本要设项目辅助核算（见科目设置表）；月末采用加权平均法，计算并结转已销产品成本。

（2）其他销售业务主要是指销售材料。其他销售成本按发料实际成本计算与结转。

六、月末转账结算业务提示

（1）辅助生产费用分配。

（2）制造费用结转。

（3）分项目逐步结转铸锻、金工车间半成品成本（单位成本保留两位小数）。

（4）计算分配各种完工产品成本（单位成本保留两位小数）。

（5）采用加权平均法，计算并结转已销产品成本。

（6）计算城建税等税费。

（7）月末将收入和支出类账户发生额全部转入"本年利润"，计算本月实际利润总额。

（8）计算和结转企业本年应缴所得税。

（9）按税后净利润10%计提法定盈余公积，余额按70%向投资者分配利润，30%结存下年。

（10）将"本年利润"转入"利润分配——未分配利润"贷方。将"利润分配"各明细账转入"利润分配——未分配利润"借方。

项目三　清江水轮机有限责任公司的基础建账资料

任务一　建账信息

【任务目标】

在"系统管理"中完成建立账套、设置操作员以及为操作员授权等。

【具体内容】

系统管理员 admin：建立账套、设置操作员以及为操作员授权；由会计主管修改账套，启用财务软件模块的设置、备份账套等。

（1）建立账套。

账套号：686；账套名称：清江水轮机有限责任公司；单位全称：清江水轮机有限责任公司；单位简称：清江水轮机；账套启用日期：2017 年 12 月 1 日；单位地址：华南市北京路 108 号；法人代表：张兴万；纳税登记号：512322123008001；记账本位币：人民币；企业类型：工业；行业性质：2013 小企业会计准则；财务主管：李红军；采用"按行业性质预置科目"。

对客户、供应商、存货进行分类，无外币核算。编码规则：会计科目编码级次 4222；客户分类编码级次 222，部门编码级次 22，地区分类 222；存货分类编码级次 222，结算方式编码级次 12，供应商分类 222，其他按默认。数据精度：存货与开票单价小数位为 2，其余为 2。启用总账、工资、固定资产、购销存管理。启用日期均为 2017 年 12 月 1 日。

开户行：工行直属营业部；账号：518601-110。

（2）设置用户及权限授权，见表3-1。

表3-1 用户与职责分工

编号	姓名	岗位	职 责
001	李红军	账套主管	全部权限，进行系统初始设置，审核凭证、记账、结账
002	张 慧	单位会计	拥有权限：总账中除"审核凭证""记账""结账""恢复记账前状态"外的其他全部权限；固定资产、工资、往来、财务报表、项目管理、应收、应付的全部业务，以及存货核算的操作权限
003	吴 芳	出纳	出纳业务；出纳签字；现金与银行存款的核对
004	周宏武	采购	采购管理、公用目录的全部操作权限
005	何兴程	销售	销售管理、公用目录的全部操作权限
006	吴 华	库管	库存管理、公用目录的全部操作权限

（3）会计主管修改账套，设置启用财务软件模块的日期。

任务二 财务软件系统的基础设置

【任务目标】

掌握基础档案的设置。基础档案资料是财务软件系统使用前各功能模块公用的基本信息。

【具体内容】

一、部门档案（见表3-2）

表3-2 部门档案

部门编码	部门名称	部门编码	部门名称
01	行政部	06	采购部
02	财务部	07	仓储部
03	铸锻车间	08	销售部
04	金工车间	09	机修车间
05	装配车间	10	供电车间

二、职员档案（见表3-3）

表3-3　职员档案

职员编号	职员名称	所属部门	职员编号	职员名称	所属部门
001	陈　平	行政部	006	吴　芳	财务部
002	杨　春	行政部	007	周宏武	采购部
003	王　华	行政部	008	张　洪	采购部
004	李红军	财务部	009	何兴程	销售部
005	张　慧	财务部	010	张兴万	行政部

三、客户分类与客户档案

1.客户分类（见表3-4）

表3-4　客户分类

客户分类编码	客户分类名称	客户分类编码	客户分类名称
01	重庆市	05	广西壮族自治区
02	湖北省	06	陕西省
03	四川省	07	云南省
04	西藏自治区		

2.客户档案（见表3-5）

表3-5　客户档案

客户编码	客户名称	客户简称	所属分类	地址	纳税人登记号	开户银行	银行账号
001	湖北李子平电站	李子平电站	02	湖北省宜昌市李子平100号	500012938431912	湖北省宜昌市建行分理处	351235
002	南区进出口公司	南区进出口	01	重庆市南区318号	482731983743209	中国银行南区分理处	8519248
003	明峡电力集团鱼背山电站	鱼背山电站	01	重庆市鱼背山大石238号	500198273128938	重庆市建行太白分理处	78739423
004	天全硫铁矿厂工程指挥部	天全硫铁厂	02	湖北省宜昌市天全县195号	473291823716293	湖北省宜昌市天全工行	108195

续表

客户编码	客户名称	客户简称	所属分类	地址	纳税人登记号	开户银行	银行账号
005	雅安硫铁矿厂	雅安硫铁厂	02	湖北省宜昌市雅容县10号	473291873829182	湖北省宜昌市雅容工行	652301
006	临山县水电供应站	临山电站	03	四川省南充市临川县255号	500198283742382	四川省南充市临川县工行	56788
007	石林县电力公司	石林电力	02	湖北省石林县123号	283726183629473	湖北省石林县工行	21475
008	峨眉山市罗祠堂电站	罗祠堂电站	03	四川省峨眉山市28号	500192837462512	峨眉山市建行	120850
009	西藏水电设备供应局	西藏水电	04	西藏拉萨市300号	8938747262837 24	西藏工商行直属分行	587694
010	广西容县供电局	容县供电局	05	广西容县云路237号	512322123008002	广西容县工行云峰分理处	4678910
011	三星公司	三星公司	01	南区临江路168号	198928304938219	市工行营业所	18732118
012	南区进出口公司一部	南区进出口一部	01	南区二马路123号	938272827394617	中国银行	611485
013	云南省丽江市水电供应公司	丽江水电	07	云南丽江市东风路79号	736485293846293	丽江市建行	618943
014	云南省镇雄罗抗电站	罗抗电站	07	镇雄大河坝56号	837264829101383	农行镇雄营业所	463212
015	夹江县水电物资供应公司	夹江水电	03	夹江县一马路126号	345678909827316	夹江县农行	190037
016	东溪镇电力公司	东溪电力	01	东溪镇北山路184号	567890123456789	东溪县建行	36879
017	南川银杏电站工程指挥部	银杏电站	01	南川长滩县172号	456789012345678	南川建行	34789
018	涪陵水利电力总公司	涪陵水电	01	涪陵区人民路79号	738364518297364	涪陵区建行	3742331
019	拖地电站	拖地电站	01	拖地县399号	548933232567879	农行营业部	312560
020	陕西汉中水电开发公司	汉中水电	06	陕西汉中市建华街68号	582736238489461	汉中市农行	300897

续表

客户编码	客户名称	客户简称	所属分类	地址	纳税人登记号	开户银行	银行账号
021	三江县东溪电站	东溪电站	01	三江县东溪镇321号	563257454367598	三江县农行东溪分行	7561876
022	石棉县电力公司	石棉电力	01	石棉县飞花路29号	568935253665768	石棉县工行直属营业部	378431

四、供应商分类与供应商档案

1.供应商分类（见表3-6）

表3-6 供应商分类

编码	名称
1	市内
2	市外

2.供应商档案（见表3-7）

表3-7 供应商档案

供应商编码	供应商名称	供应商简称	分类	地址	纳税人登记号	开户银行	银行账号
001	南区百货公司	南区百货	01	南区二马路126号	400234675856436	南区工行营业部	516814-118
002	南区煤矿	南区煤矿	01	天城路125号	400067777584765	建行天城营业部	15679-567
003	南区三星公司	南区三星	01	南区临江路168号	400089768456785	南区工行临江分理处	518723-118
004	南区石油公司	南区石油	01	南区临江路31号	512223100200020	南区工行商分处	22513
005	三峡物资有限公司	三峡物资	01	南区西山路8号	40005869998765	南区工行直属营业部	18856-653
006	兴旺家具公司	兴旺家具	01	南区沙龙路2号	400065877665654	南区建行白岩分理处	53676-825

续表

供应商编码	供应商名称	供应商简称	分类	地址	纳税人登记号	开户银行	银行账号
007	重庆钢铁公司	重庆钢铁	01	重庆市江北区观音岩236号	400045766765784	建行分理处	52085634
008	重庆日杂总公司	重庆日杂	01	重庆市松江路28号	400056657478767	重庆市工行松江分理处	6532761-103
009	重庆市标准件公司	重庆标准件	01	重庆市滨江路68号	400045446687856	重庆市工行滨江路分理处	6624502-101
010	重庆市电力公司	重庆电力	01	北京路2号	400234050478345	重庆市工行北京路分理处	6624502-102
011	重庆市康普特公司	重庆康普特	01	重庆市三江路65号	400087849768777	建行营业部	57838-127
012	重庆市临南县金属结构公司	临南金属	01	重庆市临南县南湖路237号	400078888768564	南湖工行	6516301-118
013	重庆市南区红光印刷公司	红光印刷	01	重庆市南区一马路27号	400256745643436	重庆市工行分理处	526324-121
014	重庆市长乐电机公司	长乐电机	01	重庆市长乐镇	408498765675675	长乐镇工行	567689-110
015	广东华南市铸锻厂铸钢分公司	华南铸钢	02	广东华南市新村路98号	400245738291234	市工行	312003
016	江苏省南能市机床公司	南能机床	02	江苏省南能市向阳大道235号	400056783478932	南能市工行	7263489
017	江苏南通机床公司	南通机床	02	江苏省南通滨江大道235号	300025684000042	建行信贷行	62056843

供应商编码	供应商名称	供应商简称	分类	地址	纳税人登记号	开户银行	银行账号
018	广东三江钢铁公司	三江钢铁	02	广东三江县和平路18号	220055378900122	三江县工行	327654

五、凭证类型

操作时,自选凭证类型,见表3-8。

表3-8　凭证类型

凭证类型	简称	限制类型	限制科目
收款凭证	收	借方必有	1001,1002
付款凭证	付	贷方必有	1001,1002
转账凭证	转	借贷必无	1001,1002
记账凭证	记	无	无

六、会计科目

如业务需要,可自行设置明细会计科目,见表3-9。

表3-9　会计科目表

科目编码	科目名称	计量单位	辅助账类型	账页格式	余额方向
1001	库存现金		日记账	金额式	借
1002	银行存款		银行账,日记账	金额式	借
100201	工行存款		银行账,日记账	金额式	借
1012	其他货币资金			金额式	借
101201	银行汇票存款			金额式	借
101202	存出投资款			金额式	借
1101	短期投资			金额式	借
110101	股票			金额式	借
110102	债券			金额式	借
1121	应收票据		客户往来	金额式	借

续表

科目编码	科目名称	计量单位	辅助账类型	账页格式	余额方向
1122	应收账款		客户往来	金额式	借
1123	预付账款		供应商往来	金额式	借
1221	其他应收款			金额式	借
122101	个人借款		个人往来	金额式	借
1401	材料采购			金额式	借
1402	在途物资			金额式	借
1403	原材料			金额式	借
1404	材料成本差异			金额式	借
1405	库存商品	台	项目核算	金额式	借
1407	商品进销差价			金额式	借
1408	委托加工物资			金额式	借
140801	A 半成品			金额式	借
1411	周转材料			金额式	借
141101	包装物	个	数量金额核算	金额式	借
141102	低值易耗品			金额式	借
14110201	在库文件柜	个	数量金额核算	金额式	借
14110202	在用文件柜	个	数量金额核算	金额式	借
14110203	推销			金额式	借
1421	消耗性生物资产			金额式	借
1501	长期债券投资			金额式	借
1511	长期股权投资			金额式	借
1601	固定资产			金额式	借
1602	累计折旧			金额式	贷
1604	在建工程			金额式	借
1605	工程物资			金额式	借
1606	固定资产清理			金额式	借

续表

科目编码	科目名称	计量单位	辅助账类型	账页格式	余额方向
1701	无形资产			金额式	借
170101	专利权			金额式	借
170102	非专利技术			金额式	借
170103	商标权			金额式	借
1702	累计摊销			金额式	贷
1801	长期待摊费用			金额式	借
1901	待处理财产损溢			金额式	借
2001	短期借款			金额式	贷
2201	应付票据		供应商往来	金额式	贷
2202	应付账款			金额式	贷
220201	应付货款		供应商往来	金额式	贷
220202	暂估应付款			金额式	贷
2203	预收账款		客户往来	金额式	贷
2211	应付职工薪酬			金额式	贷
221101	应付职工工资			金额式	贷
221104	应付社会保险费			金额式	贷
221105	应付住房公积金			金额式	贷
2221	应交税费			金额式	贷
222101	应交增值税			金额式	贷
22210101	进项税额			金额式	贷
22210102	进项税额转出			金额式	贷
22210103	转出未交增值税			金额式	贷
22210104	销项税额			金额式	贷
222102	未交增值税			金额式	贷
222107	应交土地增值税			金额式	贷
222108	应交城市维护建设税			金额式	贷

续表

科目编码	科目名称	计量单位	辅助账类型	账页格式	余额方向
222112	应交个人所得税			金额式	贷
222113	教育费附加			金额式	贷
222114	矿产资源补偿费			金额式	贷
222115	排污费			金额式	贷
222116	地方教育费附加			金额式	贷
2231	应付利息			金额式	贷
2232	应付利润			金额式	贷
2241	其他应付款			金额式	贷
224101	存入保证金			金额式	贷
224102	应付住房公积金			金额式	贷
224103	应付养老保险金			金额式	贷
224104	应付失业保险			金额式	贷
224105	应付医疗保险			金额式	贷
2401	递延收益			金额式	贷
2501	长期借款			金额式	贷
2701	长期应付款			金额式	贷
3001	实收资本			金额式	贷
300101	国家资本			金额式	贷
300102	自有资本			金额式	贷
3002	资本公积			金额式	贷
3101	盈余公积			金额式	贷
310101	法定盈余公积			金额式	贷
310102	任意盈余公积			金额式	贷
3103	本年利润			金额式	贷
3104	利润分配			金额式	贷
310401	其他转入			金额式	贷

科目编码	科目名称	计量单位	辅助账类型	账页格式	余额方向
310410	应付利润			金额式	贷
310415	未分配利润			金额式	贷
4001	生产成本			金额式	借
400101	直接材料		部门项目	金额式	借
400102	直接人工		部门项目	金额式	借
400103	制造费用		部门项目	金额式	借
4101	制造费用		部门核算	金额式	借
4301	研发支出			金额式	借
4401	工程施工			金额式	借
4403	机械作业			金额式	借
5001	主营业务收入	台	项目核算	数量金额式	贷
5051	其他业务收入			金额式	贷
5111	投资收益			金额式	贷
5301	营业外收入			金额式	贷
530101	政府补助			金额式	贷
530102	收回坏账损失			金额式	贷
530103	汇兑收益			金额式	贷
530105	无法支付应付款			金额式	贷
530106	捐赠所得			金额式	贷
530107	盘盈			金额式	贷
530108	其他			金额式	贷
5401	主营业务成本	台	项目核算	数量金额式	借
5402	其他业务成本			金额式	借
5403	营业税金及附加			金额式	借
5601	销售费用			金额式	借
560101	商品维修费			金额式	借

续表

科目编码	科目名称	计量单位	辅助账类型	账页格式	余额方向
560102	广告费			金额式	借
560103	业务宣传费			金额式	借
560104	交通费			金额式	借
560105	通信费			金额式	借
560106	业务招待费			金额式	借
560107	员工工资			金额式	借
560108	折旧费			金额式	借
560109	其他			金额式	借
560110	运输费			金额式	借
5602	管理费用			金额式	借
560201	开办费			金额式	借
560202	业务招待费			金额式	借
560203	研究费用			金额式	借
560204	交通费			金额式	借
560205	通信费			金额式	借
560206	水电费			金额式	借
560207	房屋租赁费			金额式	借
560208	员工活动费			金额式	借
560209	员工工资			金额式	借
560210	折旧			金额式	借
560211	无形资产摊销			金额式	借
560212	差旅费			金额式	借
5603	财务费用			金额式	借
560301	利息费用			金额式	借
560302	手续费用			金额式	借
560303	现金折扣			金额式	借

续表

科目编码	科目名称	计量单位	辅助账类型	账页格式	余额方向
560304	汇兑损失			金额式	借
5711	营业外支出			金额式	借
571101	坏账损失			金额式	借
571105	税收滞纳金			金额式	借
571106	非常损失			金额式	借
571107	捐赠支出			金额式	借
571108	盘亏			金额式	借
571109	其他			金额式	借
5801	所得税费用			金额式	借

七、项目目录

各车间生产的产品包括 3 个型号,平时各车间发生的费用先在产品"水轮机"归集,月末再按要求在 3 个型号的产品中分配发生的各项费用,见表 3-10。

表 3-10　项目设置

档案核算科目	生产成本				库存商品		
	1 产品				1 商品		
	WJ-42 型	WJ-50 型	WJ-60 型	水轮机	WJ-42 型	WJ-50 型	WJ-60 型
400101 直接材料	是	是	是	是	否	否	否
400102 直接人工	是	是	是	是	否	否	否
400103 制造费用	是	是	是	是	否	否	否
1405 库存商品	否	否	否	否	是	是	是
5001 主营业务收入	否	否	否	否	是	是	是
5401 主营业务成本	否	否	否	否	是	是	是

八、结算方式（见表 3-11）

表 3-11　结算方式

编　码	名　称
1	支票
101	现金支票
102	转账支票
2	商业汇票
3	银行汇票
4	委托收款
5	其他

九、仓库档案（见表 3-12）

表 3-12　仓库档案

仓库编码	仓库名称	所属部门	负责人	计价方式
1	原材料仓库	仓储部	王　飞	先进先出法
2	产成品仓库	仓储部	王　飞	全月一次加权平均法

十、存货分类与存货对方科目的设置

若只启用总账核算模块时，可利用项目设置功能，使用存货分类与存货档案的资料，其他可不用，见表 3-13、表 3-14。

表 3-13　存货分类

编号	分类名称
1	原材料
101	原料
102	燃料
103	辅助材料
104	外购半成品
2	库存商品

表3-14 **核算模块的存货科目**(启用购销存模块时,可不设置"公用产品"列)

收发类别名称	项目大类编码	项目大类名称	项目编码	项目名称	对方科目名称	暂估科目名称
材料领用出库					直接材料	
采购入库					在途物资	暂估应付款
其他出库					制造费用	
产成品入库	01	库存商品	04	公用产品	库存商品	
销售出库	01	库存商品	01	WJ-42	主营业务成本	
销售出库	01	库存商品	02	WJ-50	主营业务成本	
销售出库	01	库存商品	03	WJ-60	主营业务成本	

十一、存货档案(见表3-15)

表3-15 **存货档案**

存货分类	存货编码	存货代码	存货名称	规格型号	计量单位	属性	税率/%
原料	101	101	生铁		千克	销售、外购,生产耗用	17
	102	102	废生铁		千克	销售、外购,生产耗用	17
	103	103	40 mm 圆钢		千克	销售、外购,生产耗用	17
	104	104	45 mm 圆钢		千克	销售、外购,生产耗用	17
	105	105	8 mm 钢板		千克	销售、外购,生产耗用	17
	106	106	10 mm 钢板		千克	销售、外购,生产耗用	17
	107	107	运费		元	销售、外购,生产耗用	11
燃料	201	201	焦炭		吨	销售、外购,生产耗用	13
	202	202	原煤		吨	销售、外购,生产耗用	13
	203	203	汽油		升	销售、外购,生产耗用	17
辅助材料	301	301	油料		升	销售、外购,生产耗用	17
	302	302	油漆		千克	销售、外购,生产耗用	17

续表

存货分类	存货编码	存货代码	存货名称	规格型号	计量单位	属　性	税率/%
外购半成品	401	401	螺栓螺母		套	销售、外购,生产耗用	17
	402	402	110 发电机 42		台	销售、外购,生产耗用	17
	403	403	110 发电机 50		台	销售、外购,生产耗用	17
	404	404	110 发电机 60		台	销售、外购,生产耗用	17
	405	405	7317 轴承		套	销售、外购,生产耗用	17
	406	406	317 轴承		套	销售、外购,生产耗用	17
	407	407	110-50 上冠		件	销售、外购,生产耗用	17
	408	408	110-50 下冠		件	销售、外购,生产耗用	17
	409	409	前盖板		件	销售、外购,生产耗用	17
	410	410	后盖板	110-60A	件	销售、外购,生产耗用	17
	411	411	飞轮	110-42	件	销售、外购,生产耗用	17
	412	412	固定导叶	110-60A	件	销售、外购,生产耗用	17
	413	413	特殊导叶	111-60A	件	销售、外购,生产耗用	17
	414	414	轴套 65#		件	销售、外购,生产耗用	17
	415	415	轴套 80#		件	销售、外购,生产耗用	17
	416	416	轴套 130#		件	销售、外购,生产耗用	17
	417	417	轴套 150#		件	销售、外购,生产耗用	17
库存商品	601	601	WJ-42		台	销售、自制	17
	602	602	WJ-50		台	销售、自制	17
	603	603	WJ-60		台	销售、自制	17

任务三　总账期初余额的输入

【任务目标】

掌握在"总账系统"中录入总账与明细账期初余额的方法。

【具体内容】

一、有关总账和明细账账户的月初余额与本年累计发生额（见表3-16）

表 3-16　初期余额表　　　　　　　　单位:元

科目编码	科目名称	方向	计量单位	本年累计借方	本年累计贷方	月初余额
1001	库存现金	借		0	0	5 200.80
1002	银行存款	借		0	0	5 572 732.58
100201	工行存款	借		0	0	5 572 732.58
1012	其他货币资金	借		0	0	50 000.00
101201	银行汇票存款	借		0	0	50 000.00
1101	短期投资	借		0	0	15 000.00
110102	债券	借		0	0	15 000.00
1121	应收票据	借		0	0	100 000.00
1122	应收账款	借		0	0	3 534 987.97
1123	预付账款	借		0	0	40 000.00
1221	其他应收款	借		0	0	49 800.00
122101	个人借款	借		0	0	49 800.00
1403	原材料	借		0	0	3 413 300.00
1403		借	千克	0	0	806 620.00
1405	库存商品	借		0	0	4 639 000.00
1405		借	台	0	0	65.00
1411	周转材料	借		0	0	79 500.00
141101	包装物	借		0	0	39 500.00
141101		借	个	0	0	790.00
141102	低值易耗品	借		0	0	40 000.00
14110201	在库文件柜	借		0	0	28 000.00

续表

科目编码	科目名称	方向	计量单位	本年累计借方	本年累计贷方	月初余额
14110201		借	个	0	0	70.00
14110202	在用文件柜	借		0	0	12 000.00
14110202		借	个	0	0	30.00
1501	长期债券投资	借		0	0	128 000.00
1511	长期股权投资	借		0	0	1 180 000.00
1601	固定资产	借		0	0	23 468 000.00
1602	累计折旧	贷		0	0	5 201 145.00
1701	无形资产	借		0	0	540 000.00
170101	专利权	借		0	0	400 000.00
170102	非专利技术	借		0	0	40 000.00
170103	商标权	借		0	0	100 000.00
1702	累计摊销	贷		0	0	120 000.00
1801	长期待摊费用	借		0	0	960 000.00
2001	短期借款	贷		0	0	4 500 000.00
2201	应付票据	贷		0	0	58 500.00
2202	应付账款	贷		0	0	1 218 915.80
220201	应付货款	贷		0	0	918 915.80
220202	暂估应付款	贷		0	0	300 000.00
2203	预收账款	贷		0	0	147 000.00
2211	应付职工薪酬	贷		0	0	425 163.54
221101	应付职工工资	贷		0	0	334 704.62
221104	应付社会保险费	贷		0	0	68 608.92
221105	应付住房公积金	贷		0	0	21 850.00
2221	应交税费	贷		0	0	63 500.00

科目编码	科目名称	方向	计量单位	本年累计借方	本年累计贷方	月初余额
222102	未交增值税	贷		0	0	50 000.00
222108	应交城市维护建设税	贷		0	0	3 500.00
222112	应交个人所得税	贷		0	0	7 500.00
222113	教育费附加	贷		0	0	1 500.00
222116	地方教育费附加	贷		0	0	1 000.00
2231	应付利息	贷		0	0	4 000.00
2241	其他应付款	贷		0	0	45 002.10
224102	应付住房公积金	贷		0	0	21 850.00
224103	应付养老保险金	贷		0	0	17 360.00
224104	应付失业保险	贷		0	0	1 452.10
224105	应付医疗保险	贷		0	0	4 340.00
2501	长期借款	贷		0	0	6 362 080.00
250101	本金	贷		0	0	6 362 080.00
3001	实收资本	贷		0	0	22 822 000.00
300101	国家资本	贷		0	0	15 216 400.00
300102	自有资本	贷		0	0	7 605 600.00
3002	资本公积	贷		0	0	1 031 348.60
3101	盈余公积	贷		0	0	1 271 682.00
310101	法定盈余公积	贷		0	0	1 271 682.00
3103	本年利润	贷		0	0	2 402 523.31
3104	利润分配	贷		0	0	359 000.00
310415	未分配利润	贷		0	0	359 000.00
4001	生产成本	借		0	0	2 256 339.00
400101	直接材料	借		0	0	990 024.00

续表

科目编码	科目名称	方向	计量单位	本年累计借方	本年累计贷方	月初余额
400102	直接人工	借		0	0	469 961.00
400103	制造费用	借		0	0	796 354.00
5001	主营业务收入	贷		25 223 500	25 223 500	0.00
5001		贷	台	0	0	0.00
5051	其他业务收入	贷		214 736	214 736	0.00
5301	营业外收入	贷		62 645	62 645	0.00
530101	政府补助	贷		40 000	40 000	0.00
530102	收回坏账损失	贷		22 645	22 645	0.00
5401	主营业务成本	借		17 262 905	17 262 905	0.00
5401		借	台	0	0	0.00
5402	其他业务成本	借		150 334	150 334	0.00
5601	销售费用	借		1 354 888	1 354 888	0.00
560102	广告费	借		485 560	485 560	0.00
560103	业务宣传费	借		56 022	56 022	0.00
560104	交通费	借		50 000	50 000	0.00
560105	通信费	借		26 824	26 824	0.00
560106	业务招待费	借		350 860	350 860	0.00
560107	员工工资	借		372 560	372 560	0.00
560108	折旧费	借		13 062	13 062	0.00
5602	管理费用	借		3 713 371	3 713 371	0.00
560202	业务招待费	借		58 600	58 600	0.00
560203	研究费用	借		254 000	254 000	0.00
560204	交通费	借		52 564	52 564	0.00
560205	通信费	借		18 520	18 520	0.00

续表

科目编码	科目名称	方向	计量单位	本年累计借方	本年累计贷方	月初余额
560206	水电费	借		1 157 420	1 157 420	0.00
560208	员工活动费	借		166 580	166 580	0.00
560209	员工工资	借		968 932	968 932	0.00
560210	折旧	借		87 905	87 905	0.00
560211	无形资产摊销	借		94 600	94 600	0.00
560212	差旅费	借		854 250	854 250	0.00
5603	财务费用	借		582 833	582 833	0.00
560301	利息费用	借		545 416	545 416	0.00
560302	手续费用	借		6 084	6 084	0.00
560303	现金折扣	借		31 333	31 333	0.00
5711	营业外支出	借		33 504	33 504	0.00
571101	坏账损失	借		12 000	12 000	0.00
571106	非常损失	借		21 504	21 504	0.00

附注:11月份职工个人养老保险 17 360 元,医疗保险 4 340 元,失业保险 1 452.10 元,住房公积金 21 700 元。单位养老保险 43 009.18 元,医疗保险 19 807.60 元,失业保险 2 170 元,住房公积金 21 700 元,工伤保险 1 609.84 元,生育保险 2 012.30 元。

二、有关辅助核算明细账的期初余额

1.应收票据明细科目余额(见表 3-17)

表 3-17 应收票据期初余额 单位:元

单据类型	单据编号	单据日期	客 户	摘要	方向	本币余额
其他应收单	0000002	2017-11-18	云南省镇雄罗抗电	期初	借	100 000

2.应收账款明细科目余额（见表3-18）

表3-18　应收账款期初余额　　　　　　　　　　　单位:元

单据类型	发票号	单据日期	客　户	摘要	方向	本币余额
其他应收单	0000003	2017-11-18	湖北李子平电站	期初	借	901 980.57
其他应收单	0000004	2017-11-02	临山县水电供应站	期初	借	200 000.00
其他应收单	0000005	2017-11-24	乐山水电站	期初	借	653 652.30
其他应收单	0000006	2017-10-30	天全县硫铁厂矿工	期初	借	238 000.00
其他应收单	0000007	2017-09-28	雅安硫铁矿厂	期初	借	240 000.00
其他应收单	0000008	2017-10-16	西藏水电设备供应站	期初	借	250 380.00
其他应收单	0000009	2017-09-17	丽江水电站	期初	借	960 300.10
其他应收单	0000010	2017-10-25	东溪水电站	期初	借	90 675.00
合　计						3 534 987.97

3.预付账款明细科目余额（见表3-19）

表3-19　预付账款期初余额　　　　　　　　　　　单位:元

单据类型	单据编号	单据日期	供应商	摘要	方向	本币余额
预付款	000001	2017-11-30	华南市钢铁公司	期初	借	12 000
预付款	000002	2017-11-30	临水电机厂	期初	借	28 000

4.其他应收款明细科目余额（见表3-20）

表3-20　其他应收款期初余额　　　　　　　　　　单位:元

日　期	部门名称	个人名称	摘要	方向	本币期初余额
2017-11-30	采购部	周宏武	期初	借	3 000
2017-11-30	采购部	张洪	期初	借	6 800
2017-11-30	销售部	王红	期初	借	40 000
合　计				借	49 800

5.期初采购入库单（暂估入库）

采用"月初回冲"方式核算处理,见表3-21。

表 3-21 期初采购入库单金额

入库日期	仓库名称	供货单位	入库号	入库类别	存货名称	数量	计量单位	估价单价/元	金额/元
2017-11-30	材料仓库	华南市钢铁公司	10035	采购入库	生铁	100 000	千克	3	300 000

6.原材料期初余额明细账(见表 3-22)

表 3-22 原材料期初存货档案

仓 库	存货编码	存货代码	存货名称	规格型号	计量单位	数量	单价/元	金额/元	入库日期
原材料库	004	004	生铁		千克	350 000	3	1 050 000	2017-11-01
原材料库	005	005	废生铁		千克	25 000	1.20	30 000	2017-11-01
原材料库	006	006	40 mm 圆钢		千克	35 200	10	352 000	2017-11-01
原材料库	007	007	45 mm 圆钢		千克	70 000	12	840 000	2017-11-01
原材料库	008	008	8 mm 钢板		千克	80 000	4	320 000	2017-11-01
原材料库	009	009	10 mm 钢板		千克	30 000	5	150 000	2017-11-01
原材料库	010	010	焦炭		吨	70.4	2 000	140 800	2017-11-01
原材料库	011	011	原煤		吨	140	1 500	210 000	2017-11-01
原材料库	012	012	发电机	60 型	台	20	9 800	196 000	2017-11-01
原材料库	013	013	油料		升	3 000	6.50	19 500	2017-11-01
原材料库	014	014	油漆		千克	3 000	35	105 000	2017-11-01
	小计							3 413 300	

7.库存商品期初余额明细账(见表 3-23)

表 3-23 库存商品期初存货档案

仓 库	存货编码	存货代码	存货名称	计量单位	数量	单价/元	金额/元	入库日期
成品库	001	001	WJ-42	台	19	61 000	1 159 000	2017-12-01
成品库	002	002	WJ-50	台	33	70 000	2 310 000	2017-12-01
成品库	003	003	WJ-60	台	13	90 000	1 170 000	2017-12-01
合 计					65		4 639 000	

8.期初在产品余额明细账（见表3-24）

表3-24　在产品期初余额　　　　　　　　单位:元

车　间	产品名称	计量单位	期初在产品数量	成本项目			
				直接材料	直接人工	制造费用	合　计
铸锻车间	水轮机	台	8	266 247	63 177	121 842	451 266
金工车间	水轮机	台	12	364 850	186 373	249 435	800 658
装配车间	水轮机	台	14	358 927	220 411	425 077	1 004 415
合　计				990 024	469 961	796 354	2 256 339

9.应付票据明细科目余额（见表3-25）

表3-25　应付票据期初余额

单据类型	单据编号	单据日期	供应商	摘要	方向	本币余额/元
其他应付单	0000000006	2017-11-01	重庆日杂总公司	期初	贷	58 500

10.应付账款明细科目余额（见表3-26）

表3-26　应付账款期初余额

单据类型	单据编号	单据日期	供应商	摘要	方向	余额/元
其他应付单	0000000003	2017-11-30	江苏南通机床公司	期初	贷	369 817.60
其他应付单	0000000004	2017-11-30	广东三江钢铁公司	期初	贷	249 098.20
其他应付单	0000000005	2017-11-30	华南市钢铁公司	期初	贷	300 000.00

11.预收账款明细科目余额（见表3-27）

表3-27　预收账款期初余额

单据类型	单据编号	单据日期	客户	摘要	方向	本币余额/元
预收款	0000000001	2017-11-30	明峡电力集团鱼背山电站	期初	贷	43 000.00
预收款	0000000002	2017-11-30	临山县水电供应站	期初	贷	50 000.00
预收款	0000000003	2017-11-30	陕西汉中水电开发公司	期初	贷	54 000.00

任务四　固定资产的初始设置

【任务目标】

熟悉并掌握固定资产的初始设置和期初余额的录入。

【具体内容】

一、初始设置参数（见表3-28）

表 3-28　固定资产初始参数设置

控制参数	参数设置
启用月份	2017 年 12 月
折旧信息	本年账套:计提折旧;折旧方法:平均限法(一),工作量法;折旧汇总分配周期:1 个月;当(月初已提折旧月份＝可使用月份−1)时,将剩余折旧全部提足
编码方法	固定资产类别编码方式:2-1-1-2;固定资产编码方式:按"类别＋序号"自动编码,卡片序号长度:3
财务接口	要求与总账系统进行对账;业务发生后立即制单;固定资产对账科目:1601 固定资产;累计折旧对账科目:1602 累计折旧
补充参数	月末结账前一定要完成制单登账业务;固定资产缺省入账科目"1601 固定资产";累计折旧缺省入账科目"1602 累计折旧";可纳税调整的增加方式"直接购入";可抵扣税额的入账科目:"应交税费——应交增值税(进项税额)"
其他要求	在对账不平衡的情况下,不允许月末结账

二、资产类别设置（见表3-29）

表 3-29　固定资产类别设置

编码	类别名称	净残值率/%	计提属性	折旧方法	年限及其他
01	建筑物	4	计提折旧	平均年限法(一)	50 年
02	生产设备	5	计提折旧	平均年限法(二)	20 年
03	办公设备	5	计提折旧	双倍余额递减法	5 年
04	运输设备	5	计提折旧	工作量法	30 万吨千米

三、部门对应折旧科目设置（见表 3-30）

表 3-30　部门对应折旧科目设置

部 门	对应折旧科目
铸锻车间	制造费用
金工车间	制造费用
装配车间	制造费用
销售部门	制造费用
行政部	管理费用（折旧）
采购部门	管理费用（折旧）
财务部门	管理费用（折旧）
仓储部门	管理费用（折旧）

四、增减方式对应科目设置（见表 3-31）

表 3-31　增减方式对应科目设置

增减方式目录	对应科目设置
增加方式	
直接购入	银行存款（100201）
投资者投入	实收资本（3001）
捐赠	营业外收入（530106）
盘盈	待处理财产损溢（1901）
在建工程	在建工程（1604）
减少方式	
出售	银行存款（100201）（1606）
盘亏	待处理财产损溢（1901）
捐赠转出	营业外支出（571107）
报废	固定资产清理（1606）
毁损	固定资产清理（1606）

五、2017 年 11 月 31 日固定资产期初资料（见表 3-32）

表 3-32 固定资产期初数

名称	生产设备 1	生产设备 2	8011 机床	生产设备 3	机床 3 号	办公大楼	计算机	复印机	东风货车
类别	生产设备	生产设备	生产设备	生产设备	生产设备	建筑物	办公设备	办公设备	运输设备
残值率/%	5	5	5	5	5	4	5	5	5
使用部门	铸锻车间	金工车间	金工车间	装配车间	装配车间	行政部	财务部	财务部	销售部
入账日期	2010-12-05	2011-05-06	2002-09-22	2012-05-28	1998-04-28	2010-12-01	2017-05-08	2015-05-30	2015-12-10
增加方式	直接购入	直接购入	直接购入	直接购入	直接购入	直接购入	直接购入	直接购入	直接购入
原值/元	6 850 000	6 590 400	9 600	5 322 000	500 000	4 000 000	18 000	28 000	150 000
折旧方法	平均年限法（一）	平均年限法（一）	平均年限法（一）	平均年限法（一）	平均年限法（一）	平均年限法（一）	双倍余额递减法	双倍余额递减法	工作量法
预计使用期间/年	20	20	20	20	20	50	5	5	6
对应折旧科目	制造费用	制造费用	制造费用	制造费用	制造费用	管理费用	管理费用	管理费用	销售费用
累计折旧/元	1 804 986	1 623 347	6 943	725 074	468 000	531 200	1 425	12 857	27 313

注：东风货车累计工作量 57 501 吨千米，预计总工作量 30 万吨千米。

任务五　工资系统初始化数据设置

【任务目标】

　　熟悉并掌握工资模块使用前的初始设置,包括基础资料、工资项目、工资公式设置、个人所得税设置及工资费用分摊设置公式等。

【具体内容】

一、业务控制参数

　　(1)工资类别个数:单个。

　　(2)核算币种:人民币(RMB)。

　　(3)要求代扣个人所得税,不进行扣零处理。

　　(4)人员编码长度:3位。

　　(5)启用日期:2017年12月1日。

　　(6)其他为默认设置。

二、人员类别设置

　　公司人员类别包括管理人员、行政人员、生产人员、销售人员、采购人员及仓库管理等。

三、代发工资银行名称设置

　　代发工资银行:工行直属分行;账号:518601-110。

四、工资项目(见表3-33)

表3-33　工资项目一览表

项目名称	类别	长度	小数位数	工资增减属性
基本工资	数字	8	2	增项
职务津贴	数字	8	2	增项
养老保险	数字	8	2	减项
医疗保险	数字	8	2	减项

续表

项目名称	类别	长度	小数位数	工资增减属性
失业保险	数字	8	2	减项
住房公积金	数字	8	2	减项
日工资	数字	8	2	其他
请假扣款	数字	8	2	减项
应发合计	数字	8	2	增项
扣款合计	数字	8	减项	
实发合计	数字	8	2	增项
计税工资	数字	8	2	其他
请假天数	数字	8	2	其他
病假天数	数字	8	2	其他
日工资	数字	8	2	其他
缴费工资	数字	8	2	其他

五、工资公式设置（见表 3-34）

表 3-34　工资公式设置

基本工资	行政人员 5 000；管理人员 6 000；生产人员 4 500；销售人员 4 800；采购人员 4 200；其他 3 500（采用条件函数定义）
职务津贴	总经理 15 000；经历和注入 5 000
养老保险	缴费工资×0.08
医疗保险	缴费工资×0.02
失业保险	缴费工资×0.01
住房公积金	缴费工资×0.10
日工资	基本工资/30
请假扣款	日工资×请假天数+日工资×病假天数×病假扣款比例
应发合计	基本工资+奖金+职务津贴-请假扣款
扣款合计	养老保险+医疗保险+失业保险+住房公积金+代扣税
实发合计	应发合计-扣款合计
计税工资	应发合计-养老保险-医疗保险-失业保险-住房公积金

说明：缴费工资为去年工资平均数，见职工档案表；个人所得税计税基数 3 500。

六、档案设置和工资数据 (见表3-35)

表3-35 人员档案及工资数据表

编号	姓名	人员类别	部门	人员属性	缴费工资/元	代发银行	账号	进入日期
1	张兴万	行政人员	管理人员	总经理	18 000	工行直属分行	5186012001	1990-01-02
2	陈 平	行政人员	管理人员	主任	7 500	工行直属分行	5186012002	2005-08-03
3	杨 春	行政人员	行政人员	职员	5 000	工行直属分行	5186012003	2010-05-15
4	王 华	行政人员	行政人员	职员	5 000	工行直属分行	5186012004	2002-04-28
5	李红军	行政人员	行政人员	经理	7 500	工行直属分行	5186012005	2001-07-26
6	张 慧	行政人员	行政人员	会计	5 000	工行直属分行	5186012006	2011-05-03
7	吴 芳	行政人员	行政人员	出纳	5 000	工行直属分行	5186012007	2014-06-25
8	陈 民	生产人员	生产人员	工人	4 500	工行直属分行	5186012008	2003-04-20
9	李 敏	生产人员	生产人员	工人	4 500	工行直属分行	5186012009	2001-07-27
10	叶芳芳	生产人员	生产人员	工人	5 000	工行直属分行	5186012010	2011-05-04
11	杨 红	行政人员	管理人员	主任	6 000	工行直属分行	5186012011	2004-06-26
12	陈莉莉	生产人员	生产人员	工人	4 500	工行直属分行	5186012012	2003-04-09
13	李坤强	行政人员	管理人员	主任	6 000	工行直属分行	5186012013	2001-07-28
14	任天桂	生产人员	生产人员	工人	4 500	工行直属分行	5186012014	2011-05-05
15	陈小军	行政人员	管理人员	主任	6 000	工行直属分行	5186012015	2014-06-27
16	张绍祥	生产人员	金工车间	工人	4 500	工行直属分行	5186012016	2003-04-10
17	聂 军	管理人员	金工车间	主任	7 500	工行直属分行	5186012017	2001-07-29
18	李 玫	生产人员	金工车间	工人	4 500	工行直属分行	5186012018	2011-05-06
19	赵晓春	生产人员	金工车间	工人	4 500	工行直属分行	5186012019	2006-06-28
20	华罗地	生产人员	装配车间	工人	4 500	工行直属分行	5186012020	2003-04-11
21	周 瑜	生产人员	装配车间	工人	4 500	工行直属分行	5186012021	2001-07-30
22	谭天真	管理人员	装配车间	经理	7 500	工行直属分行	5186012022	2001-07-27
23	邓 华	生产人员	装配车间	工人	4 500	工行直属分行	5186012023	2011-05-04
24	王月新	生产人员	装配车间	工人	4 500	工行直属分行	5186012024	2014-06-26
25	李天圣	生产人员	装配车间	工人	4 500	工行直属分行	5186012025	2003-04-09
26	诸葛芬	生产人员	装配车间	工人	4 500	工行直属分行	5186012026	2001-07-28
27	何兴程	管理人员	销售部门	经理	7 500	工行直属分行	5186012027	2011-05-05
28	王楠亚	销售人员	销售部门	销售员	4 500	工行直属分行	5186012028	2014-06-27
29	赵紫金	销售人员	销售部门	销售员	4 500	工行直属分行	5186012029	2003-04-10
30	王 红	销售人员	销售部门	销售员	4 500	工行直属分行	5186012030	2001-07-29

续表

编号	姓名	人员类别	部门	人员属性	缴费工资/元	代发银行	账号	进入日期
31	张志和	采购人员	采购部门	采购员	4 500	工行直属分行	5186012031	2011-05-06
32	刘怡心	采购人员	采购部门	采购员	5 000	工行直属分行	5186012032	2014-06-28
33	周宏武	管理人员	采购部门	经理	7 500	工行直属分行	5186012033	2003-04-11
34	刘 江	采购人员	采购部门	采购员	5 000	工行直属分行	5186012034	2001-07-30
35	张 洪	采购人员	采购部门	采购员	5 000	工行直属分行	5186012035	2012-05-21
36	杨华志	采购人员	采购部门	采购员	5 000	工行直属分行	5186012036	2011-05-07
37	汪 明	仓库管理	仓库部门	库管员	4 500	工行直属分行	5186012037	2014-06-29
38	王 飞	仓库管理	仓库部门	库管员	4 500	工行直属分行	5186012038	2003-04-12
39	朱 强	仓库管理	仓库部门	库管员	4 500	工行直属分行	5186012039	2010-03-25

注:所用人员均为中方人员,均进行计税。

备注:11月份职工个人养老保险17 360元,医疗保险4 340元,失业保险1 452.10元,住房公积金21 700元。单位养老保险43 009.18元,医疗保险19 807.60元,失业保险2 170元,住房公积金21 700元,工伤保险1 609.84元,生育保险2 012.30元。

七、工资费用分摊设置(见表3-36)

表3-36 工资费用分摊设置

部门	人员类别	分摊项目:应发合计 比例:100%	
		借方科目	贷方科目
行政部	管理人员,行政人员	管理费用——工资	
财务部	管理人员,行政人员	管理费用——工资	
采购部	管理人员,行政人员	管理费用——工资	
仓储部	行政人员	管理费用——工资	
销售部	销售人员,管理人员	销售费用——工资	
铸锻车间	生产人员	生产成本/基本生产成本/直接人工	
金工车间	生产人员	生产成本/基本生产成本/直接人工	应付职工薪酬——工资(221101)
装配车间	生产人员	生产成本/基本生产成本/直接人工	
铸锻车间	管理人员	制造费用/工资费用	
金工车间	管理人员	制造费用/工资费用	
装配车间	管理人员	制造费用/工资费用	
机修车间	管理人员,生产人员	生产成本/辅助生产成本/机修车间	
供电车间	管理人员,生产人员	生产成本/辅助生产成本/供电车间	

八、代扣个人社保、住房公积金和个人所得税设置（见表 3-37）

表 3-37　代扣个人社保、住房公积金和个人所得税设置

部门	人员类别	代扣养老保险 分摊项目:缴费工资,比例:8%		代扣失业保险 分摊项目:缴费工资,比例:1%		代扣医疗保险 分摊项目:缴费工资,比例:2%		代扣住房公积金 分摊项目:缴费工资,比例:10%		代扣个人所得税 分摊项目:代扣税,比例:100%	
		借方科目	贷方科目	借方科目	贷方科目	借方科目	贷方科目	借方科目	贷方科目	借方科目	贷方科目
行政部	管理人员,行政人员	应付职工薪酬——工资	其他应付款——应付养老保险	应付职工薪酬——工资	其他应付款——应付失业保险	应付职工薪酬——工资		应付职工薪酬——工资	其他应付款——应付住房公积金	应付职工薪酬——工资	应交税费——应交个人所得税
财务部	管理人员,行政人员										
采购部	管理人员,行政人员										
仓储部	库管员										
销售部	销售人员,管理人员										
铸眼车间	生产人员										
金工车间	生产人员										
装配车间	生产人员										
铸眼车间	管理人员										
金工车间	管理人员										
装配车间	管理人员										
机修车间	管理人员,生产人员										
供电车间	管理人员,生产人员										

九、单位负担的五险一金分摊设置（见表 3-38）

表 3-38 单位负担五险一金分摊设置表

项目		行政部	财务部	采购部	仓库	销售部	生产车间		机修车间	供电车间
		管理人员，行政人员	管理人员，行政人员	管理人员，行政人员	行政人员	管理人员，行政人员	生产人员	管理人员	生产人员，管理人员	生产人员，管理人员
养老保险 分摊项目：缴费工资，比例：20%	借方科目	管理费用——工资				销售费用/工资	生产成本/基本生产成本/直接人工	制造费用/工资	生产成本/辅助生产成本/机修车间	生产成本/辅助生产成本/供电车间
	贷方科目	应付职工薪酬——社保								
失业保险 分摊项目：缴费工资，比例：2%	借方科目	管理费用——工资				同上	同上	同上	同上	同上
	贷方科目	应付职工薪酬——社保								
医疗保险 分摊项目：缴费工资，比例：8%	借方科目	管理费用——工资				同上	同上	同上	同上	同上
	贷方科目	应付职工薪酬——社保								
工伤保险 分摊项目：缴费工资，比例：2%	借方科目	管理费用——工资				同上	同上	同上	同上	同上
	贷方科目	应付职工薪酬——社保								
生育保险 分摊项目：缴费工资，比例：1%	借方科目	管理费用——工资				同上	同上	同上	同上	同上
	贷方科目	应付职工薪酬——社保								
住房公积金 分摊项目：缴费工资，比例：10%	借方科目	管理费用——工资				同上	同上	同上	同上	同上
	贷方科目	应付职工薪酬——住房公积金								

项目四 清江水轮机有限责任公司 2017年12月的经济业务

任务 1—142 笔业务题进行会计处理

【任务目标】

通过对该公司本月业务的会计处理,使学生全面、系统地掌握中小型工业企业的一个会计循环过程所涉及的相关业务,并根据原始凭证,分析经济业务,运用所学的会计电算化知识,在财务软件中填制记账凭证、出纳签字、会计审核并记账,以及查阅账簿等会计信息,生成财务报表。

注:所有业务的操作提示仅供参考。在制作经济业务涉及的发票过程中,因条件所限,存在部分业务的原始发票要素不完全符合要求,仅代表该笔经济业务涉及内容应该具有的发票范围,学生能根据理解原始发票的经济内容与含义进行会计业务的正确处理即可。

【具体内容】

[业务1] 月初回冲,在核算模块中处理。

1-1-1

提 示
根据采购设置,采用"月初回冲"上月末的货到发票单据未到的暂估价业务,自动产生红字凭证。

[业务2]　转账支票购买汽油，在采购、库存、核算模块中处理。

2-4-1

2-4-2

2-4-3

2-4-4

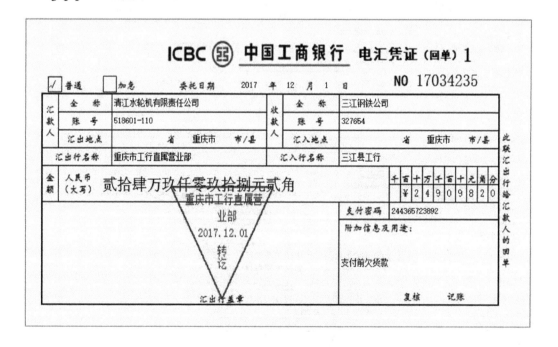

收 料 单

供应单位：南区石油公司								收料单编号： 17121001		
材料类别：油料类			2017 年 12 月 1 日					收料仓库： 材料仓库		

材料编号	名称	规格	单位	数量		实际成本				
				应收	实收	买价		运杂费	其他	合计
						单价	金额			
	汽油	92#	升	3000	2995		19,800.00			19,800.00
	合 计			3000	2995		19,800.00			19,800.00
	备 注									

仓库主管：　　　　　记账：　　　　　　　收料：　　　　　　制单：

（第三联 记账联）

[业务3] 电汇支付货款，在采购、核算模块中处理。

3-1-1

ICBC 中国工商银行 电汇凭证（回单）1

NO 17034235

| √ 普通 | □ 加急 | 委托日期 2017 年 12 月 1 日 |

汇款人	全 称	清江水轮机有限责任公司	收款人	全 称	三江钢铁公司
	账 号	518601-110		账 号	327654
	汇出地点	省 重庆市 市/县		汇入地点	省 重庆市 市/县
	汇出行名称	重庆市工行直属营业部		汇入行名称	三江县工行

金额	人民币（大写）	贰拾肆万玖仟零玖拾捌元贰角	千 百 十 万 千 百 十 元 角 分
			¥ 2 4 9 0 9 8 2 0

重庆市工行直属营业部 2017.12.01 转讫

支付密码 244365723892

附加信息及用途：

支付前欠货款

汇出行盖章　　　　　　　复核　记账

此联汇出行给汇款人的回单

[业务4]　提现,在总账模块中操作。

4-1-1

[业务5]　相关人员借差旅费备用,在总账模块中处理。提示:分别增加职员刘江、刘怡心、张志和3人(均为采购部)。

5-3-1

5-3-2

5-3-3

借 款 单

资金性质 预借差旅费   2017 年 12 月 1 日

借款单位	采购部		
借款理由	到东溪镇出差预借差旅费		
借款数额	人民币（大写） 壹万元整		￥ 10,000.00
本单位负责人意见	同意	借款人（签章）张志和	

领导指示：　　　　　　会计主管人员核批：　　付款记录：现金付讫

张兴万　同意　　　　　李红军　同意　　　2017 年 12 月 1 日 以第　号

支票或现金支出凭单付给

［业务6］　取得流动资金借款，在总账模块中处理。

6-1-1

中国工商银行 借 款 借 据　第一联 借据回单

银行编号：10200010　　立据 2017 年 12 月 2 日　　№ 3617

借款单位名称	清江水轮机有限责任公司	放款账号	412006		利率	0.78%
		存款账号	518601-110			

借款金额（大写）	贰拾万元整	千 百 十 万 千 百 十 元 角 分
		￥ 2 0 0 0 0 0 0 0

约定还款日期	2018 年 12 月 2 日	借款种类	流动资金借款	借款合同号码	21229692
展期到期日期	年 月 日				

借款直接用途 1. 2. 3. 4. 5. 6.

还款记录 年 月 日 还款金额 余额

根据签订的借款合同和你单位申请借款用途，经审查同意发放上列金额贷款。

中国工商银行　批准人：张新华　　（银行转账凭证）

2017 年 12 月 2 日

开户银行： 工行直属分行

此联退交借款单位

［业务7］　领料，在库存、核算和总账模块中处理。提示：

（1）修改与增加会计科目：周转材料——低值易耗品（在库文件柜、在库办公桌、在库办公椅），周转材料——低值易耗品（在用文件柜、摊销文件柜）。

（2）文件柜数量金额核算，五五摊销，在总账模块中处理。

(3)分3个车间及材料领用出库和其他出库分别填写出库单,共计两张出库单并分别制单。

7-2-1

领料发放汇总表

申请人:×××		领用时间: 2017 年 12 月 2日					单位:元
品名及规格	计量单位	领用单位	领用数量	单价	金额	用途
生铁	千克	铸锻车间	196 000			生产用
废生铁	千克	铸锻车间	18 000			生产用
φ40mm圆钢	千克	金工车间	8 000			生产用
φ45mm圆钢	千克	铸锻车间	3 360			生产用
δ8mm钢板	千克	金工车间	20 000			生产用
δ10mm钢板	千克	铸锻车间	6 000			生产用
焦炭	千克	铸锻车间	10 000			生产用
原煤	千克	铸锻车间	40 000			生产用
φ40mm圆钢	千克	金工车间	600			车间一般耗用
φ40mm圆钢	千克	装配车间	400			车间一般耗用
合计						

会计: 张慧　　　　　　库管员:王飞

7-2-2

领料发放汇总表

申请人:×××		领用时间: 2017 年 12 月 2日					单位:元
品名及规格	计量单位	领用单位	领用数量	单价	金额	用途
包装箱	个	装配车间	30	50	1 500	生产用
文件柜	个	行政部	20	300	6 000	办公用
合计					7 500	

会计: 张慧　　　　　　库管员:王飞

[业务8] 销售产品,在销售模块和核算模块中处理。

8-6-1

8-6-2

8-6-3

8-6-4

中国工商银行
转账支票存根

10201120

附加信息 _____

_____

出票日期　2017 年 12 月 2 日

收款人:	市运输公司
金　额:	¥35,000.00
用　途:	运费（销方负担）

单位主管　　　　会计

8-6-5

中国工商银行　　　　托收凭证（受理回单）

1　№ 477234

委托日期　2017 年 12 月 2 日

业务类型	委托收款（□邮划、□电划）		托收承付（□邮划、☑电划）											
付款人	全　称	东溪镇电力公司	收款人	全　称	清江水轮机有限责任公司								
	账　号	36879		账　号	518601-110								
	地　址	省　市县　开户行 县建行		地　址	省　市县　开户行 工行直属营业部								

金额	人民币（大写）	玖拾叁万贰仟肆佰玖拾元整	亿	千	百	十	万	千	百	十	元	角	分
					¥	9	3	2	4	9	0	0	0

款项内容		托收凭据名称		附寄单证张数	
商品发运情况			合同名称号码 89043646		

备注：　　　　　　　　款项收妥日期　　　　　　　　　工行直属营业部
2017.12.02
收款人开户银行签章
年　月

复核　　记账　　　　　　　　　年　月　日　　　　　　　　　　　年　月　日

此联作收款人开户银行给收款人的受理回单

8-6-6

<table>
<tr><td colspan="10" style="text-align:center">出 库 单</td><td>No. 12567968</td></tr>
<tr><td colspan="4">购货单位: 东溪镇电力公司</td><td colspan="7">2017 年 12 月 1 日</td></tr>
<tr><td>编 号</td><td>品 名</td><td>规 格</td><td>单位</td><td>数 量</td><td>单 价</td><td colspan="2">金 额</td><td>备 注</td></tr>
<tr><td></td><td>HL110-WJ-42水轮机</td><td></td><td>台</td><td>4</td><td></td><td colspan="2">0.00</td><td></td></tr>
<tr><td></td><td>HL110-WJ-50水轮机</td><td></td><td>台</td><td>5</td><td></td><td colspan="2">0.00</td><td></td></tr>
<tr><td></td><td></td><td></td><td></td><td></td><td></td><td colspan="2"></td><td></td></tr>
<tr><td></td><td></td><td></td><td></td><td></td><td></td><td colspan="2"></td><td></td></tr>
<tr><td></td><td></td><td></td><td></td><td></td><td></td><td colspan="2"></td><td></td></tr>
<tr><td colspan="5" style="text-align:center">合 计</td><td></td><td colspan="2">0.00</td><td></td></tr>
<tr><td colspan="2">仓库主管:</td><td colspan="2">记账:</td><td colspan="2">保管:</td><td colspan="2">经手人:</td><td>制单:</td></tr>
</table>

第一联 存根联

[业务9] 扣缴房产税等,在总账模块中处理。提示:小企业会计准则:相关税费用包括房产税、车船税、土地使用税均记"税金及附加"。

9-1-1

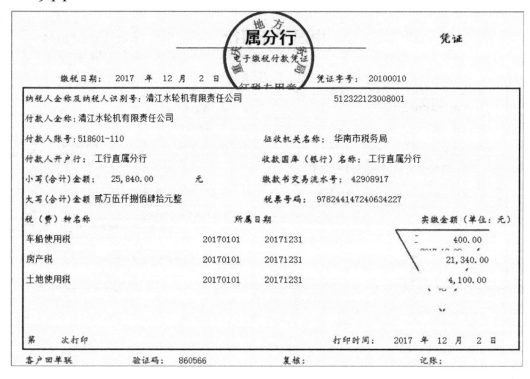

<table>
<tr><td colspan="3">属分行</td><td>凭证</td></tr>
<tr><td colspan="2">缴税日期: 2017 年 12 月 2 日</td><td colspan="2">凭证字号: 20100010</td></tr>
<tr><td colspan="2">纳税人全称及纳税人识别号:清江水轮机有限责任公司</td><td colspan="2">512322123008001</td></tr>
<tr><td colspan="4">付款人全称:清江水轮机有限责任公司</td></tr>
<tr><td colspan="2">付款人账号:518601-110</td><td colspan="2">征收机关名称: 华南市税务局</td></tr>
<tr><td colspan="2">付款人开户行: 工行直属分行</td><td colspan="2">收款国库(银行)名称: 工行直属分行</td></tr>
<tr><td colspan="2">小写(合计)金额: 25,840.00 元</td><td colspan="2">缴款书交易流水号:42908917</td></tr>
<tr><td colspan="2">大写(合计)金额 贰万伍仟捌佰肆拾元整</td><td colspan="2">税票号码: 978244147240634227</td></tr>
<tr><td>税(费)种名称</td><td colspan="2">所属日期</td><td>实缴金额(单位:元)</td></tr>
<tr><td>车船使用税</td><td>20170101</td><td>20171231</td><td>400.00</td></tr>
<tr><td>房产税</td><td>20170101</td><td>20171231</td><td>21,340.00</td></tr>
<tr><td>土地使用税</td><td>20170101</td><td>20171231</td><td>4,100.00</td></tr>
<tr><td colspan="2">第 次打印</td><td colspan="2">打印时间: 2017 年 12 月 2 日</td></tr>
<tr><td>客户回单联</td><td colspan="2">验证码: 860566 复核:</td><td>记账:</td></tr>
</table>

[业务10] 取得一年期借款,在总账模块中处理。

10-1-1

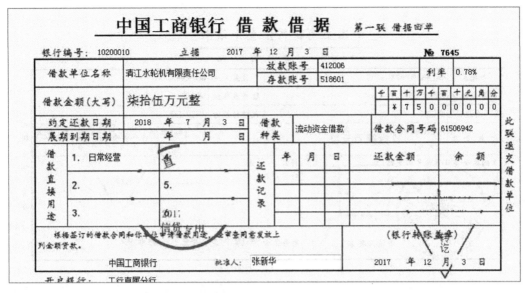

[业务11] 收到临山县水电供应站原欠货款,在销售和核算模块中处理。

11-1-1

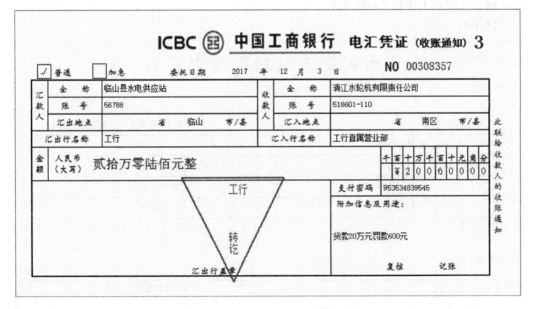

[业务 12]　申请办理银行汇票,在总账模块中处理。

12-1-1

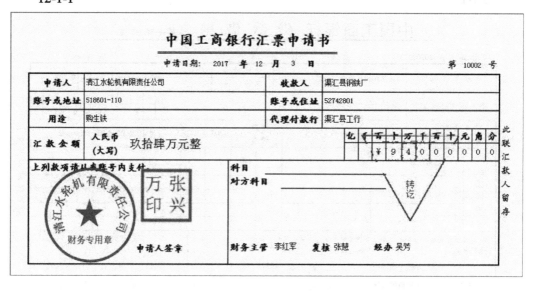

[业务 13]　固定资产报废,在固定资产模块中处理。注销卡片编号:0006;设备折旧参考数据:470 000。12月3日,发生以现金支付清理费用 800 元;取得变价收入 2 000 元存入银行。货车工作量 2 000 千米。

13-1-1

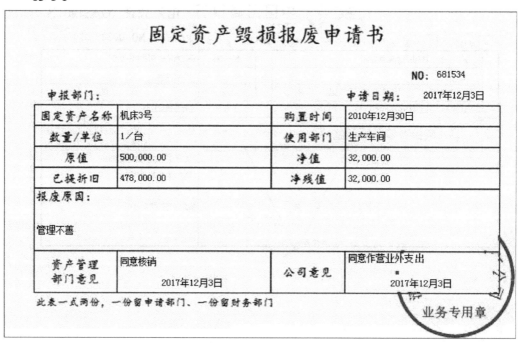

[业务14] 取得对外提供修理服务收入，价税款未收到。销售模块——客户往来；应收单——其他应收单。在核算模块中处理。

14-1-1

[业务15] 购买文化用品，取得增值税普通发票。在总账模块中处理。

15-3-1

15-3-2

15-3-3

办公用品费用分配表

2017年12月4日 单位：元

部门	金额
行政部	300
财务部	215
生产车间	256
销售部	248.15
合计	1 019.15

复核：张慧 制表：×××

注：车间用256元，分别由铸锻、金工、装配车间各用80元、65元、111元。

[业务16] 收到预收款，在销售和核算模块中处理。提示：增加客户：031，泸州纳溪白节电站，属四川，其他自行确定。

16-2-1

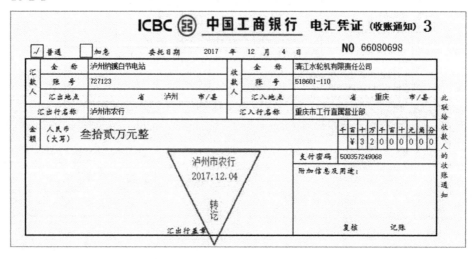

16-2-2

收款补充说明

汇入款系泸州纳溪白节电站的预订购货款。

销售部

2017.12.4

[业务17] 缴纳社保与住房公积金(包括单位与个人承担部分),在总账模块中处理。

17-4-1

17-4-2

17-4-3

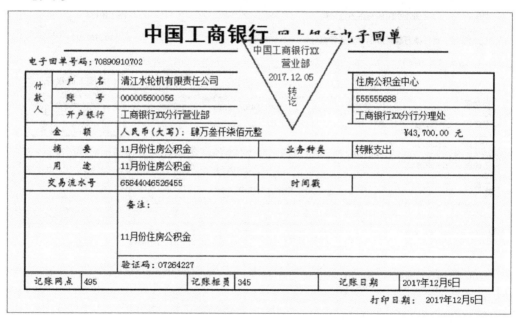

17-4-4

住房公积金汇缴书

2017 年 12 月 5 日　　　　附变更清册　 2 张

单位名称（公章）	清江水轮机有限责任公司											
单位登记号	35619911		资金来源	□财政拨发	☑非财政拨发		汇缴 2017年12月份					

汇缴金额（大写）：肆万叁仟柒佰元整

	千	百	十	万	千	百	十	元	角	分
				¥4	3	7	0	0	0	0

	上月汇缴	本月增加	本月减少	本月汇缴
人数				

	√	□委托收款	□现金送款簿	□汇票

工商银行XX分行营业部

备注：
单位与个人各担一半。

复核：姚红　　　制单：张三

[业务 18] 销售水轮机，支付销售方承担的运输费，并办妥委托收款手续。分别在销售、库存、核算及总账模块中处理。

18-6-1

18-6-2

18-6-3

18-6-4

18-6-5

中国工商银行							托收凭证(受理回单)									
							1 № 016967									

委托日期 2017 年 12 月 5 日

业务类型		委托收款（☐邮划、☐电划）			托收承付（☐邮划、☑电划）											
付款人	全 称	西藏水电设备供应站		收款人	全 称	清江水轮机有限责任公司										
	账 号	587694			账 号	518601-110										
	地 址	省 市县	开户行 省工商行分管处		地 址	省 市县	开户行 工行直属营业部									

金额	人民币（大写）壹佰贰拾壹万陆仟捌佰元整		亿	千	百	十	万	千	百	十	元	角	分
				¥	1	2	1	6	8	0	0	0	0

款项内容		托收凭据名 称		附寄单证张数	
商品发运情况			合同名称号码	96640704	
备注：		款项收妥日期		工行直属营业部 2017.12.05	
		年 月 日		收款人开户银行签章 年 月 日	
复核	记账				

此联作收款人开户银行给收款人的受理回单

18-6-6

出 库 单							No. 48941603			
购货单位：西藏水电设备供应站				2017 年 12 月 5 日						
编号	品 名	规 格	单位	数 量	单 价	金 额		备注		
	HL110-WJ-42		台	4		0.00				
	HL110-WJ-50		台	5		0.00				
	HL110-WJ-60		台	4		0.00				
合				计		0.00				
仓库主管：	记账：	保管：		经手人：		制单：				

第一联 存根联

—— 59 ——

[业务 19] 赊购材料并入库,在采购、库存和核算模块中处理。

19-3-1

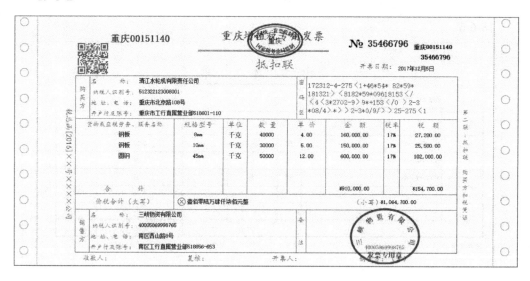

19-3-2

19-3-3

收　料　单

供应单位：三峡物资有限公司								收料单编号：17122002		
材料类别：				2017　年　12　月　5　日				收料仓库：		

材料编号	名称	规格	单位	数量		实际成本				
				应收	实收	买价		运杂费	其他	合计
						单价	金额			
	钢板	8mm	千克	40000	40000	4.00	160,000.00			160,000.00
	钢板	10mm	千克	30000	30000	5.00	150,000.00			150,000.00
	圆钢	45mm	千克	50000	50000	12.00	600,000.00			600,000.00
	合　　计			120000	120000		910,000.00			910,000.00
	备　　注									

仓库主管：　　　　记账：　　　　收料：王飞　　　　制单：

[业务20]　存款购买文件柜与办公桌、办公椅，在总账模块中处理。修改与增加会计科目：周转材料——低值易耗品(在库办公桌、在库办公椅)。

20-6-1

20-6-2

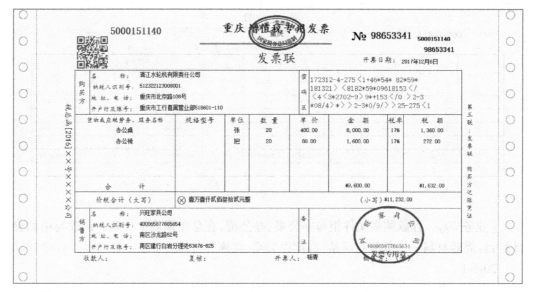

20-6-3

20-6-4

20-6-5

20-6-6

收 料 单

供应单位：兴旺家具公司　　　　　　　　　　　　　　　　　　　收料单编号：90122003

材料类别：　　　　　　　　　2017　年　12　月　6　日　　　　　　收料仓库：

材料编号	名称	规格	单位	数量		实际成本					
				应收	实收	买价		运杂费	其他	合计	
						单价	金额				
	办公桌		张	20	20	400.00	8,000.00			8,000.00	
	办公椅		把	20	20	80.00	1,600.00			1,600.00	
	文件柜		个	17	17	500.00	8,500.00			8,500.00	
	合　计			57	57		18,100.00			18,100.00	
	备　注										

仓库主管：　　　　　记账：　　　　　收料：　　　　　制单：

[业务 21] 相关部门领用文件柜等,在总账模块中处理。

21-1-1

领用汇总表

申请人：×××　　　　时间：　2017 年 12 月 6 日　　　　　　　　单位：元

品名	领用单位	领用数量	单价	金额	备注
文件柜	厂部	10	500	5 000	办公用
文件柜	铸锻车间	3	500	1 500	办公用
文件柜	金工车间	2	500	1 000	办公用
文件柜	装配车间	3	500	1 500	办公用

部门负责人：×××　　　　　　　会计复核：张慧　　　　　库管员：王飞

[业务 22] 采购委托收款方式采购材料,材料入库。在采购、库存和核算模块中处理。

22-4-1

22-4-2

22-4-3

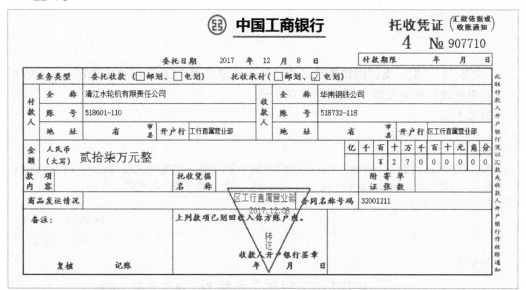

22-4-4

收 料 单

供应单位: 华南市钢铁公司									收料单编号:	
材料类别:			2017 年 12 月 8 日					收料仓库:		
				数量		实际成本				
材料编号	名称	规格	单位	应收	实收	买价		运杂费	其他	合计
						单价	金额			
	生铁		千克	230769.23	230769.23	1.00	230,769.23			230,769.23
合 计				230769.23	230769.23		230,769.23			230,769.23
备 注				计划单价1.30，金额300000						

仓库主管: 记账: 收料: 制单:

[业务 23] 现金支付业务招待费,在总账模块中处理。

23-1-1

重庆市行政事业单位往来结算收据

2017 年 12 月 8 日   NO. 052482

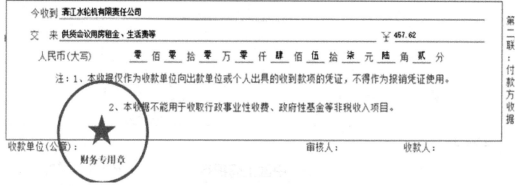

今收到 綦江水轮机有限责任公司

交 来 供货会议用房租金、生活费等   ¥ 457.62

人民币(大写)   零佰零拾零万零仟肆佰伍拾柒元陆角贰分

注:1、本收据仅作为收款单位向出款单位或个人出具的收到款项的凭证,不得作为报销凭证使用。

2、本收据不能用于收取行政事业性收费、政府性基金等非税收入项目。

收款单位(公章)   审核人: 收款人:

第二联:付款方收据

[业务 24] 电汇支付因销售产品质量问题修理费用,在总账模块中处理。当天收到对方转来的收款普通发票,一张计价 1 000 元。

24-2-1

通知

财务科:

我厂销售临山县金林电站 42 型水轮机质量出现问题,经与对方协商由我司付修理费 1000 元,请付款。临山县金林电站,开户行:临山县工商银行滨江路分行;
行号:135000321

销售科:何兴程

2017.12.4

24-2-2

ICBC 中国工商银行 电汇凭证(回单)1

☑普通 □加急   委托日期 2017 年 12 月 8 日   NO 05348170

汇款人	全 称	綦江水轮机有限责任公司	收款人	全 称	临山县金林电站
	账 号	518601-110		账 号	135000321
	汇出地点	省 重庆市北京路 市/县		汇入地点	省 临山 市/县
	汇出行名称	工行直属分行		汇入行名称	临山县工商银行滨江路分行

金额 人民币(大写) 壹仟元整

千	百	十	万	千	百	十	元	角	分
				¥	1	0	0	0	0	0

工行直属分行
2017.12.08
转讫

支付密码 904832963454

附加信息及用途:
待付修理费(原售出的42型水轮机出现质量问题)

汇出行盖章   复核   记账

此联汇出行给汇款人的回单

[业务25]　报销差旅费,在总账模块中处理。

25-1-1

差 旅 费 报 销 单

部门　行政部　　　　　　　2017 年 12 月 8 日

出差人			旷化民					出差事由		送客人到华南市				
出　发				到　达				交通工具	交通费		出差补贴		其 他 费 用	
月	日	时	地点	月	日	时	地点		单据张数	金额	天数	金额	项　目	单据张数	金额
11	29		南区	12	7		华南区				9	810.00	住 宿 费		2,700.00
													市 内 车 费		720.00
													邮 电 费		
													办公用品费		
													不买卧铺补贴		
													其 他		26.40
合　计												¥810.00			¥3,446.40
报销总额	人民币(大写)	肆仟贰佰伍拾陆元肆角整						预借金额			报销金额	现金付讫 ¥4,256.40		
											退还金额			

主管 李红军　　　　　　审核 张恩　　　　出纳　　　　　　　领款人 旷化民

[业务26]　采购部张洪借差旅费,在总账模块中处理。

26-1-1

借 款 单

赏金性质 预借差旅费　　　　　　　　　　　　2017 年 12 月 8 日

借款单位	采购部		
借款理由	出差办理采购业务		
借款数额	人民币（大写） 贰仟元整		¥ 2,000.00
本单位负责人意见	同意　　周宏武	借款人（签章）张洪	
领导指示： 张兴万　　同意	合计主管人员核批： 李红军　　同意	付款记录： 2017 年 12 月 8 日 以第　　号 支票或现金支出凭单付给	现金付讫

［业务27］ 转账支付投资款到证券公司,开立专门。在总账模块中处理。当天收到证券公司出具的收据。

27-1-1

中国工商银行
转账支票存根

10201120
88481411

附加信息
向证券公司投资账户拨款

出票日期 2017 年 12 月 8 日

收款人: 清江水轮机有限责任公司

金 额: ¥2,000,000.00

用 途: 向证券公司投资账户拨款

单位主管 李红军 会计 张慧

［业务28］ 向银行借流动资金借款。

28-1-1

中国工商银行 借 款 借 据			第一联 借据回单		
银行编号: 10200010	立据: 2017 年 12 月 8 日				№ 2245

借款单位名称	清江水轮机有限责任公司	放款账号	412006	利率	0.78%
		存款账号	518601-110		

借款金额(大写) 贰佰万元整 ¥ 2 0 0 0 0 0 0 0 0

约定还款日期	2018 年 12 月 3 日	借款种类	流动资金借款	借款合同号码	27635684
展期到期日期	2018 年 12 月 3 日				

借款直接用途	1. 生产日常经营	4.		还款记录	年	月	日	还款金额	余 额
	2.	5.							
	3.	6.							

根据签订的借款合同和你单位申请借款用途,经审查同意发放上列金额贷款。

中国工商银行
工行直属分行

开户银行

批准人:

(银行转账盖章)

2017 年 12 月 8 日

此联逐交借款单位

[业务29] 分别向三星公司与重庆钢铁公司采购货物。其中,向重庆钢铁公司购买了新生铁、废铁和圆钢等,未入库。在采购和核算模块中处理。提示:运费仅由重庆钢铁公司购货发生,按重量分摊。

29-8-1

29-8-2

29-8-3

29-8-4

29-8-5

29-8-6

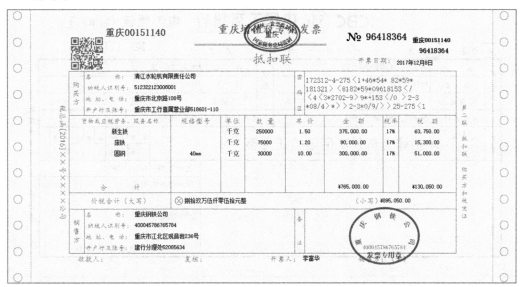

29-8-7

29-8-8

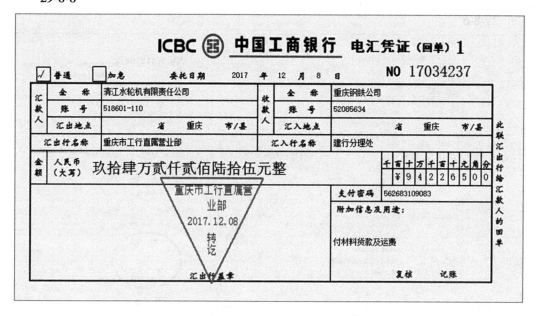

[业务 30]　上述采购物品均入库,在库存和核算模块中处理。

30-2-1

收 料 单

供货单位:华南钢铁公司　　　　　　　　　　收料单编号:121215

材料类别:原料及主要材料　　2017 年 12 月 8 日　　收料仓库:原材料库

材料编号	名称	规格	计量单位	应收数量	实收数量
	生铁		千克	250000	250000
	废生铁		千克	75000	75000
	圆钢	40mm	千克	30000	30000

复核:×××　　　　会计:张慧　　　　收料:王飞　　　　制单:王飞

30-2-2

<h1 style="text-align:center">收　料　单</h1>

供货单位：华南钢铁公司　　　　　　　收料单编号：121216

材料类别：原料及主要材料　　2017年12月8日　　收料仓库：原材料库

材料编号	名称	规格	计量单位	应收数量	实收数量
	7317 轴承		套	4000	4000
	317 轴承		套	4000	4000

复核：×××　　　　会计：张慧　　　　收料：王飞　　　　制单：王飞

[业务 31]　转账支票购买原煤与焦炭，入库。在采购、库存和核算模块中处理。

31-4-1

31-4-2

31-4-3

31-4-4

收 料 单

| 供应单位：南区煤矿 | | | | | | | | 收料单编号：17122006 | |
| 材料类别：燃料 | | | | 2017 年 12 月 8 日 | | | | 收料仓库： | |

材料编号	名称	规格	单位	数量		实际成本				合计
				应收	实收	买价		运杂费	其他	
						单价	金额			
	焦炭		千克	160000	160000	2.20	352,000.00			352,000.00
	原煤		千克	225000	225000	1.40	315,000.00			315,000.00
合 计				385000	385000		667,000.00			667,000.00
备 注										

仓库主管：　　　　记账：　　　　　　　　收料：王飞　　　　制单：

[业务32] 电汇支付欠货款,在采购和核算模块中处理。

32-1-1

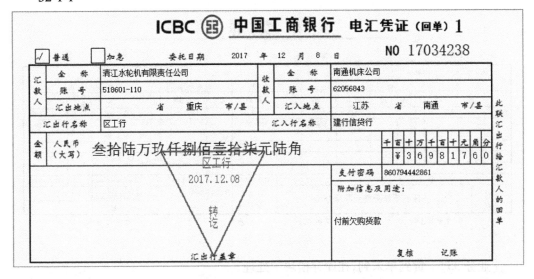

[业务33] 收到东溪镇电力公司电汇来的欠货款,在销售和核算模块中处理。

33-1-1

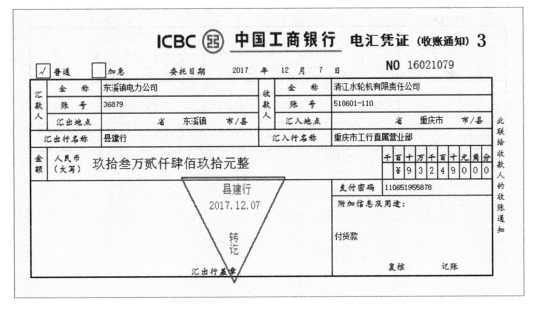

[业务 34] 采购部刘心怡报销差旅费,在总账模块中处理。

34-1-1

差 旅 费 报 销 单

部门　行政部　　　　　　　　　2017　年　12　月　8　日

出 差 人		刘怡心						出 差 事 由		参加研讨会				
出 发			到 达				交通工具	交 通 费		出差补贴		其 他 费 用		
月	日	时	地点	月	日	时	地点		单据张数	金额	天数	金额	项 目	单据张数	金额
12	1		南区	12	8		北京	火车		1,600.00	8	720.00	住 宿 费		210.00
								轮船		243.60			市 内 车 费		640.00
													邮 电 费		
													办公用品费		
													不买卧铺补贴		97.44
													其 他		2,800.00
合 计										¥1,843.60		¥720.00			¥3,747.44
报销总额		人民币(大写)	陆仟叁佰壹拾壹元零肆分					预借金额		原已借5000元。		补领金额			¥1,311.04
												退还金额			

主管 李红军　　　　　审核 张慧　　　　　出纳　　　　　　领款人 刘怡心

[业务 35] 货到单未到,在库存模块中处理。

35-1-1

收 料 单

供应单位: 湖北轴承公司　　　　　　　　　　　　　　收料单编号: 121217

材料类别: 原料及主要材料　　　2017　年　12　月　9　日　　　收料仓库: 原材料

材料编号	名称	规格	单位	数量		实际成本					
				应收	实收	买价		运杂费	其他	合计	
						单价	金额				
	轴承		套	40	40	1,250.00	50,000.00			50,000.00	
合 计				40	40		50,000.00			50,000.00	
备 注											

仓库主管: 李红军　　　　记账: 张慧　　　　收料: 王飞　　　　制单: 王飞

第三联　记账联

[业务36]　接受 V-8 车床投资,该固定资产需要的安装。在总账模块中处理。提示:与后面的业务 77、业务 86 对应,需增加一个投资者华兴机械公司。

36-2-1

投资协议书

（　2017　）第　1003　号文

投资单位(甲方)	清江水轮机有限责任公司	投资单位(乙方)	华兴机械公司
地址	重庆市北京路108号	地址	重庆市北山路258号
账号	518601-110	账号	58962001
开户银行	工行直属分行	开户银行	工行重庆北山路支行
投资金额	人民币(大写)　柒万伍仟元整		
协议条款	(1)乙方以其拥有的V-8机床,原值120000,已折旧69000元,经评估价75000,对甲方投资,签订本协议之日起,设备交付甲方铸锻车间使用 (2)未经双方协商同意,任何一方不得终止投资行为,乙方不行抽回投资		

甲方签章:　　　　　　　　　　　　乙方签章:

36-2-2

固定资产交接验收单

2017 年 12 月 9 日

名称	规格	数量	单价	预计使用年限	备注
车床	V-8	1台	75000	10	按评估价入账
使用部门	铸锻车间				

审核：×××　　　　　　　　制单：×××

[业务 37] 转账支票购买联想计算机,在固定资产模块中处理。

37-4-1

37-4-2

37-4-3

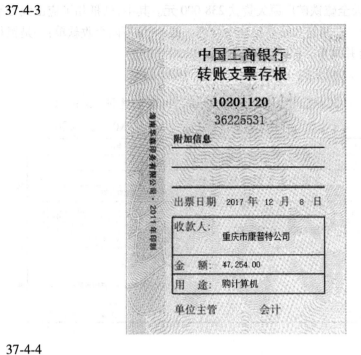

中国工商银行
转账支票存根

10201120
36225531

附加信息

出票日期 2017 年 12 月 8 日

收款人	重庆市康普特公司
金 额	¥7,254.00
用 途	购计算机

单位主管　　　会计

37-4-4

固定资产验收单

2017 年 12 月 9 日　　　　编号：

名称	规格型号	来源	数量	购（造）价	使用年限	预计残值
联想电脑		外购	1台	6200	5	
安装费	月折旧率	建造单位		交工日期	附件	
		设备科		2017年12月9日		
验收部门	验收人员		管理部门	厂部	管理人员	
备注						

审核：　　　　　　制单：

[业务38] 收到天全硫铁矿厂原欠货款 238 000 元。其中,已抵扣了应由我方承担的安装修理费 8 700 元。在销售和核算模块中处理。提示:填写两个收款单:一是银行存款,二是销售费用;后合并制单。

38-2-1

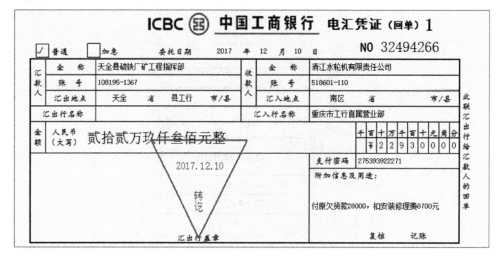

38-2-2

天全县硫铁厂矿工程指挥部 收款收据　　No:12151464

2017　年 12 月 10 日

交款单位或个人	清江水轮机有限责任公司			
款项内容	所购水机因质量问题发生的修理费		收款方式	
人民币(大写)	捌仟柒佰元整		￥8,700.00	
收款单位盖章	财务专用章 天全县硫铁厂矿工程指挥部	收款人盖章	出纳	备注

第三联 记账联

[业务39]　购买外购半成品，以银行承兑汇票支付，已入库。在采购、库存和核算模块中处理。提示：增加存货：外购半成品类。

39-7-1

39-7-2

39-7-3

39-7-4

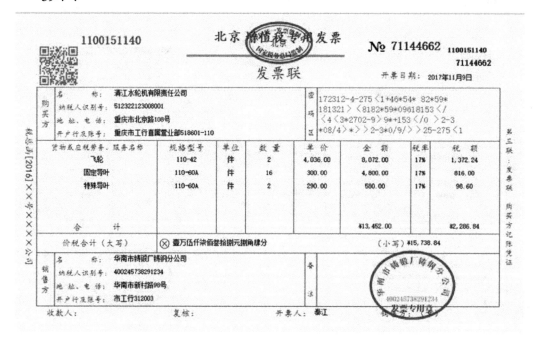

39-7-5

中国工商银行 银行承兑汇票 （存根） 3

10200050
76807943

出票日期（大写） 贰零壹柒 年 壹拾贰 月 零壹拾 日

出票人全称	清江水轮机有限责任公司	收款人	全 称	华南市铸锻厂铸钢分公司
出票人账号	518601-110		账 号	312003
付款行全称	重庆市工行直属营业部		开户银行	市工行

出票金额	人民币（大写） 贰万肆仟柒百叁拾柒元柒角伍分	亿 千 百 十 万 千 百 十 元 角 分
		¥ 2 4 7 3 7 7 5

汇票到期日（大写）	贰零壹柒年壹拾贰月零叁拾日	付款行	行号	
承兑协议编号	08094980		地址	重庆市北京路108号

备注：

此联由出票人存查

39-7-6

收 料 单

供应单位：华南市铸锻厂铸钢分公司
材料类别：

收料单编号：17122009
收料仓库：标准件仓库

2017 年 12 月 10 日

材料编号	名称	规格	单位	数量		实际成本		运杂费	其他	合计
				应收	实收	单价	金额			
	飞轮	110-42	件	2	2	4,036.00	8,072.00			8,072.00
	固定导叶	110-60A	件	16	16	300.00	4,800.00			4,800.00
	特殊导叶	110-60A	件	2	2	290.00	580.00			580.00
	上冠	110-50	件	5	5	557.18	2,785.90			2,785.90
合 计				25	25		16,237.90			16,237.90
备 注										

仓库主管：朱强 　　记账： 　　收料：朱强 　　制单：

第三联 记账联

39-7-7

收 料 单

供应单位：华南市铸锻厂铸钢分公司　　　　　　收料单编号：17122008

材料类别：　　　　　　2017 年 12 月 10 日　　　收料仓库：标准件仓库

材料编号	名称	规格	单位	数量		实际成本				
				应收	实收	买价		运杂费	其他	合计
						单价	金额			
	下杯	110-50	件	5	5	240.00	1,200.00			1,200.00
	前盖板	110-50	件	1	1	2,083.76	2,083.76			2,083.76
	后盖板	110-60A	件	1	1	1,621.72	1,621.72			1,621.72
	合　计			7	7		4,905.48			4,905.48
	备　注									

仓库主管：朱强　　　记账：　　　　收料：朱强　　　　制单：

[业务40]　供电车间办公用文件夹，在总账模块中处理。提示：增设会计科目"400104 辅助生产成本"，辅助核算"部门"，涉及车间"供电车间、机修车间"，以便按照两个辅助生产部门归集发生的各项费用。

40-1-1

领 料 单

领料部门：供电车间

用　途：办公用　　　2017 年 12 月 10 日　　　编号：20171210

材料编号	材料名称	规格	计量单位	数量		成本	
				请领	实发	单价	金额
	文件夹一批					200.00	0.00
	合　计						0.00

主管：　　　记账：张慧　　　仓管主管：朱强　　　领料：陈某　　　发料：王飞

[业务41]　产品验收入库,在库存模块中处理。

41-1-1

产成品入库单

交库单位:装配车间　　　　2017 年 12 月 10 日　　　　仓库: 产成品库　编号: 356

产品编号	产品名称	规格	计量单位	数量 送检	数量 实收	单位成本	总成本	备注
	HL110WJ42		台		20		0.00	自行计算
	HL110WJ50		台		26		0.00	自行计算
	HL110WJ60		台		6		0.00	自行计算

仓库主管:朱强　　保管员:汪明　　记账:张慧　　制单:汪明

[业务42]　发放张太和辞职费,在总账模块中处理。提示:两笔分录。

42-1-1

领 款 单
现金付讫

2017 年 12 月 10 日

单 位	清江水轮机有限责任公司	姓 名	张太和		
今领到	辞职费按每月329.79×10个月				
金额(大写)	叁仟贰佰玖拾柒元玖角整			小写¥	3,297.90
				扣税¥	0.00
领导审批	张兴万	领款人	张太和	实发¥	3,297.90

会计主管 李红军　　审核 张慧　　出纳 吴芳

[业务43]　2017年12月9日,铸锻车间在8月领用的低值易耗品文件柜一批,原价12 000元,采用五五摊销法,已在领用时摊销6 000元。现申请报废,残料价值500元。提示:增加会计科目:"原材料——废料"。

[业务 44] 采购部杨华志出差借款,在总账模块中处理。提示:增加职员 041 杨华志,属采购部。

44-1-1

借 款 单

现金付讫

资金性质 出差借款				2017 年 12 月 10 日
借款单位	采购部			
借款理由	出差华南市预借差旅费			
借款数额	人民币(大写) 壹仟元整		¥ 1,000.00	
本单位负责人意见	同意借支	借款人(签章)	杨华志	
领导指示: 同意	会计主管人员核批: 属实	付款记录: 2017 年 12 月 10 日 以第 0023 号 支票或现金支出凭单付给		

[业务 45] 销售 60 型产品,用存款支付代垫运费,款未收。在销售、库存和核算模块中处理。

45-4-1

45-4-2

中国工商银行								托收凭证(受理回单)							

1 № 105705

委托日期 2017 年 12 月 11 日

业务类型	委托收款(□邮划、□电划)		托收承付(□邮划、☑电划)													
付款人	全称	清江水轮机有限责任公司		收款人	全称	南川县银杏电站工程指挥部									
	账号	518601-110			账号	南川县华兴路172号61572601									
	地址	省 市县 开户行 工行直属营业部			地址	省 市县 开户行 南川县工商局									

金额	人民币(大写)	叁拾肆万伍仟叁佰伍拾捌元整	亿	千	百	十	万	千	百	十	元	角	分
					¥	3	4	5	3	5	8	0	0

款项内容		托收凭据名称		附寄单证张数	
商品发运情况	已运出HL110-WJ-50 3台		合同名称号码 51990773		

备注:

电划

款项收妥日期

南川县工商局 2017.12.11

收款人开户银行签章 讫

复核   记账   年 月 日   年 月 日

45-4-3

中国工商银行
转账支票存根

10201120

附加信息 _____

_____

出票日期 2017 年 12 月 11 日

收款人: 市运输公司

金额: ¥4,537.00

用途: 垫支运费

单位主管   会计

45-4-4

出 库 单									No. 55449466		

购货单位: 南川县银杏电站工程指挥部   2017 年 12 月 11 日

编号	品 名	规 格	单位	数 量	单 价	金 额	备 注
	HL110-WJ-50		台	3		0.00	
合			计			0.00	

第一联 存根联

仓库主管: 记账: 保管: 经手人: 制单:

[业务46] 购买外购半成品,在采购和核算模块中处理。提示:增加存货档案:轴套分别为65#,80#,130#,150#等规格型号,外购半成品类,编号分别为067—070,其他信息自行确定。

46-3-1

46-3-2

46-3-3

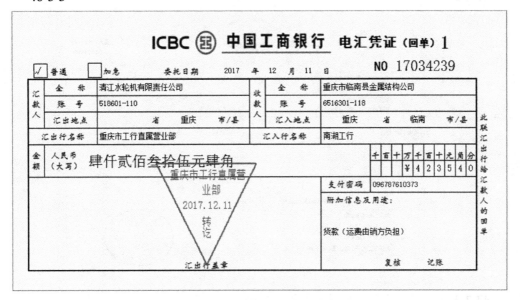

[业务47] 采购 012 螺栓螺母,在采购、库存和核算模块中处理(属外购半产品)。

47-3-1

47-3-2

重庆00151140　重庆增值税专用发票　№ 43443406　重庆00151140
43443406

抵扣联　开票日期：2017年12月10日

名　称：	青江水轮机有限责任公司	172312-4-275〈1+46*54* 82*59*
纳税人识别号：	51232123008001	181321〉〈8182*59*09618153〈/
地　址、电话：	重庆市北京路108号	〈4〈3*2702-9〉9**153〈/0 〉2-3
开户行及账号：	重庆市工行直属营业部518601-110	*08/4〉*〉〉2-3*0/9/〉〉25-275〈1

货物或应税劳务、服务名称	规格型号	单位	数量	单价	金额	税率	税额
110系列用螺栓螺母		套	4000	12.00	48,000.00	17%	8,160.00
合　计					¥48,000.00		¥8,160.00

价税合计（大写）　⊗伍万陆仟壹佰陆拾元整　（小写）¥56,160.00

名　称：	重庆市标准件公司
纳税人识别号：	40004545687856
地　址、电话：	重庆市滨江路68号
开户行及账号：	重庆市工行滨江路分理处6624502-101

收款人：　复核：　开票人：李兰

47-3-3

收 料 单

供应单位：重庆市标准件公司　　收料单编号：1712009
材料类别：　2017年12月12日　收料仓库：标准件仓库

材料编号	名称	规格	单位	应收	实收	单价	金额	运杂费	其他	合计
	110系列用螺栓螺母		套	4000	4000	12.00	48,000.00			48,000.00
合　计				4000	4000		48,000.00			48,000.00

备　注

仓库主管：朱强　记账：　收料：朱强　制单：

[业务48]　行政部领用办公桌，在总账模块中处理。提示：按一次摊销法。

48-1-1

领 料 单

领料部门：行政部
用　途：办公一般用　2017年12月12日　编号：20171212

材料编号	材料名称	规格	计量单位	请领	实发	单价	金额
102	办公桌		套	5	5		7,420.00
合　计				5	5		7,420.00

主管：李红军　记账：张慧　仓管主管：朱强　领料：陈平　发料：王飞

[业务49] 收款核销原欠款2 530 380元,其余作预收。在销售和核算模块中处理。

49-1-1

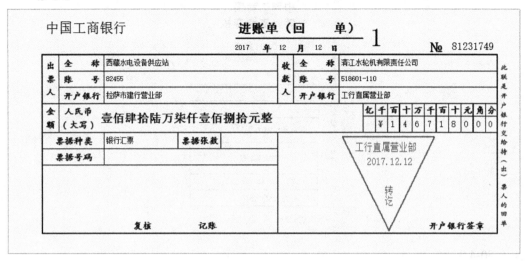

[业务50] 以托收承付方式销售60型产品,用存款支付代垫运费。在销售、库存和核算模块中处理。

50-4-1

50-4-2

中国工商银行
转账支票存根
10201120

附加信息
_____
_____

出票日期 2017 年 12 月 13 日

收款人: 市运输公司

金 额: ¥2,440.00

用 途: 代垫运费

单位主管   会计

50-4-3

中国工商银行   托收凭证(受理回单)
1 № 524371

委托日期   2017   年 12 月 13 日

业务类型	委托收款 (□邮划、□电划)	托收承付 (□邮划、☑电划)			

付款人	全 称	涪陵水利电力公司	收款人	全 称	清江水轮机有限责任公司
	账 号			账 号	518601-110
	地 址	省 市县 开户行		地 址	省 市县 开户行 工行直属营业部

| 金额 | 人民币(大写) | 贰拾柒万壹仟伍佰肆拾元整 | 亿 千 百 十 万 千 百 十 元 角 分 |
| | | | ¥ 2 7 1 5 4 0 0 0 |

| 款项内容 | | 托收凭据名称 | | 附寄单证张数 | |
| 商品发运情况 | 已发运 | | 合同名称号码 | 94856263 | |

备注: 款项收妥日期

工行直属营业部
2017.12.13

收款人开户银行签章

复核   记账   年   月   日   年   月   日

此联作收款人开户银行给收款人的受理回单

50-4-4

出 库 单   No. 76050042

购货单位: 涪陵水电总公司   2017 年 12 月 13 日

编号	品 名	规 格	单位	数量	单 价	金 额	备注
	水轮机-60型		台	2		0.00	
合			计			0.00	

仓库主管: 记账: 保管: 经手人: 制单:

第一联 存根联

[业务51]　转让准备长期持有的债券,收到转让款;账面价值128 000元。在总账模块中处理。

51-1-1

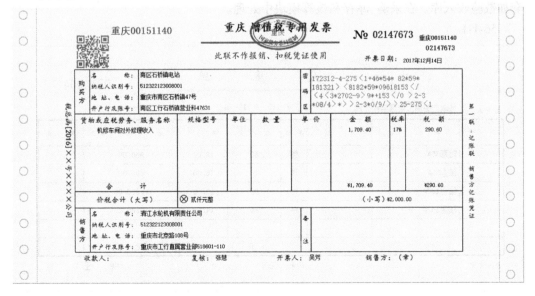

网上银行交易清单

币种:人民币			日期:2017-12-13			回单编号:6175376
付款人	付款人户名	南区财政国债服务部		收款人	收款人户名	清江水轮机有限责任公司
	付款人账号	405265-511			收款人账号	518601-110
	付　款　行	建造直属分行			收　款　行	工行直属分行
大写金额	壹拾肆万贰仟元整				小写金额	¥142,000.00
摘　要	已计提利息2年,面值100000元,年利率14					
交易名称	78965423					
	账户机构:93073			操作员:9801		

此信息非银行正式凭证,不具备法律效力

[业务52]　12月13日,网银预付长乐电机560 000元。在采购和核算模块中处理。

[业务53]　12月13日,公司本月用现金支付职工医药费800元,职工的生活困难补助2 000元,职工浴室设施修理费1 500元。在总账模块中处理。

[业务54]　机修车间对外提供修理服务,价税款未收到。在销售和核算模块中处理。

54-1-1

重庆00151140

重庆 增值税专用发票　№ 02147673

重庆00151140
02147673

此联不作报销、扣税凭证使用

开票日期:2017年12月14日

购买方	名　称:	南区石桥镇电站						密码区	172312-4-275〈1+46*54* 82*59* 181321〉〈8182*59*09618153〈/ 〈4〈3*2702-9〉9**153〈/0 〉2-3 *08/4〉*〉〉2-3*0/9/〉〉25-275〈1
	纳税人识别号:	512322123008001							
	地址、电话:	重庆市南区石桥镇47号							
	开户行及账号:	南区工行石桥镇营业科47631							
	货物或应税劳务、服务名称	规格型号	单位	数量	单价	金额	税率	税额	
	机修车间对外修理收入					1,709.40	17%	290.60	
	合　计					¥1,709.40		¥290.60	
	价税合计(大写)	⊗贰仟元整					(小写)¥2,000.00		
销售方	名　称:	清江水轮机有限责任公司						备注	
	纳税人识别号:	512322123008001							
	地址、电话:	重庆市北京路108号							
	开户行及账号:	重庆市工行直属营业部518601-110							
收款人:		复核:张慧		开票人:吴芳		销售方:(章)			

税务局[2016]×××××××××公司

第一联 记账联 销售方记账凭证

[业务55] 12月14日,现金存入银行。

55-1-1

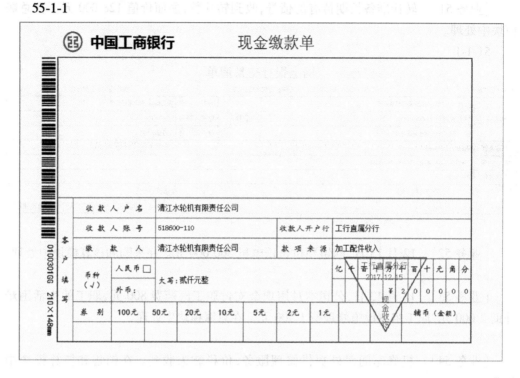

[业务56] 12月15日,本月12日向重庆市临南县金属结构公司购买的各型号轴套如数验收入库。在采购、库存和核算模块中处理。

56-1-1

入 库 单   No. 07140041

供货单位: 华南市临南区金属结构公司   2017 年 12 月 15 日

编 号	品 名	规 格	单 位	数 量	单 价	金 额	备 注
	轴套65#		件	50	18.00	900.00	
	轴套80#		件	40	15.00	600.00	
	轴套130#		件	50	20.00	1,000.00	
	轴套150#		件	80	14.00	1,120.00	
合				计		3,620.00	

仓库主管: 记账: 保管: 王飞   经手人: 制单: 王飞

[业务57] 采用托收承付方式采购油漆,未入库。在采购和核算模块中处理。

57-3-1

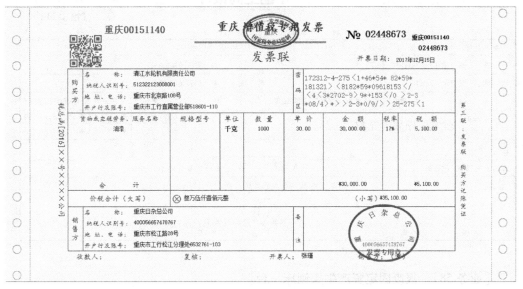

57-3-2

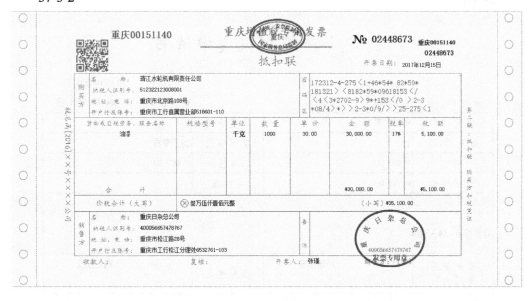

57-3-3

中国工商银行

托收凭证

付款通知

4 № 024458

业务类型	委托收款（□邮划、□电划）			托收承付（□邮划、☑电划）			付款期限		年	月	日

委托日期 2017 年 12 月 15 日

付款人	全 称	清江水轮机有限责任公司		收款人	全 称	重庆日杂总公司
	账 号	518601-110			账 号	6532761-103
	地 址	省 重庆 市县 开户行 重庆市工行直属营业部			地 址	省 重庆 市县 开户行 重庆市工行松江分理处

金额	人民币（大写） 叁万伍仟壹佰元整	亿	千	百	十	万	千	百	十	元	角	分
					¥	3	5	1	0	0	0	0

款项内容		托收凭据名称		附寄单证张数	

商品发运情况	已运发	合同名称号码	07599806

备注：

上列款项已划回转入你方账户内。

重庆市工行松江分理处
2017.12.15
转讫

收款人开户银行签章
2017 年 12 月 15 日

复核　　记账

此联付款人开户银行凭以汇款或收款人开户银行作收账通知

[业务 58]　报废固定资产牛头刨床一台。

58-4-1

固定资产毁损报废申请书

NO: 100504

申报部门：　金工车间　　　　　　　　申请日期：　2017年12月15日

固定资产名称	8011机床	购置时间	
数量/单位	台	使用部门	金工车间
原值	9,600.00	净值	2,657.00
已提折旧	6,943.00	净残值	

报废原因：

提前报废，转入清理

资产管理部门意见	同意报废	公司意见	同意报废

此表一式两份，一份留申请部门、一份留财务部门

58-4-2

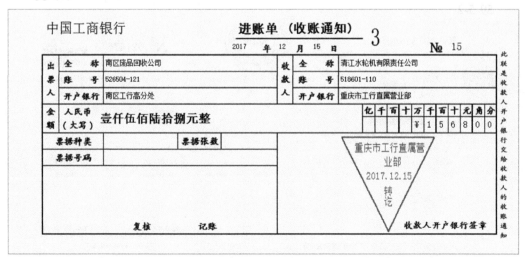

收款收据			No:29375669	
2017 年 12 月 15 日				
交款单位或个人	清江水轮机有限责任公司			
款项内容	刨床拆除工资费		收款方式	现金
人民币（大写）	捌佰元整		¥800.00	
收款单位盖章		收款人盖章	何光明 张军	备注

第三联 记账联

58-4-3

清江水轮机有限责任公司 收款收据			No:17123006	
2017 年 12 月 15 日				
交款单位或个人	南区废品回收公司			
款项内容	废牛头刨床一台		收款方式	转账
人民币（大写）	壹仟伍佰陆拾捌元整		¥1,568.00	
收款单位盖章	清江水轮机有限责任公司财务专用章	收款人盖章	吴芳	备注

第三联 记账联

58-4-4

中国工商银行		进账单 （收账通知） 3		No 15
出票人	全称 南区废品回收公司	收款人	全称 清江水轮机有限责任公司	
	账号 526504-121		账号 518601-110	
	开户银行 南区工行高分处		开户银行 重庆市工行直属营业部	
金额 人民币（大写）	壹仟伍佰陆拾捌元整		亿千百十万千百十元角分 ¥1 5 6 8 0 0	
票据种类			重庆市工行直属营业部 2017.12.15 转讫	
票据号码				
复核 记账			收款人开户银行签章	

此联是收款人开户银行交给收款人的收账通知

[业务59] 12月15日,向长乐电机购买42型与50型电机,收到运费发票,电汇补付不足款1 090.78元,抵销原预付款项;货物验收入库。在采购、库存和核算模块中处理。提示:电动机视为发电机;运费按金额分摊;操作应付转预付,补付业务。

59-5-1

59-5-2

59-5-3

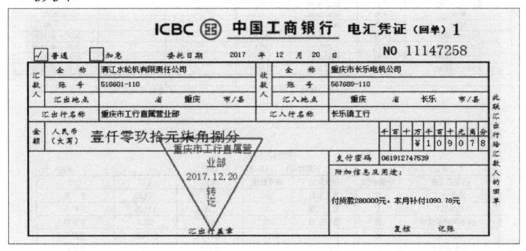

收 料 单

供应单位：重庆市长乐电机公司　　　　　　　　　　　　　　收料单编号：1712004

材料类别：　　　　　　　　　　2017 年 12 月 9 日　　　收料仓库：

材料编号	名称	规格	单位	数量		实际成本					
				应收	实收	买价		运杂费	其他	合计	
						单价	金额				
	110用电机	110-60	台	15	15	9,000.00	135,000.00			135,000.00	
	110用电机	110-42	台	15	15	7,000.00	105,000.00			105,000.00	
	合　计			30	30		240,000.00			240,000.00	
	备　注										

仓库主管：　　　　记账：　　　　收料：　　　　制单：

（注意：此处收料单的单价不准确，因为还有运费分摊，分摊结算后单价会有变化）

59-5-4

中国工商银行　电汇凭证（回单）1

ICBC　　　　　　　　　　　　　　　NO 11147258

☑普通　□加急　　委托日期　2017 年 12 月 20 日

汇款人	全称	清江水轮机有限责任公司	收款人	全称	重庆市长乐电机公司
	账号	518601-110		账号	567689-110
	汇出地点	省 重庆 市/县		汇入地点	重庆 省 长乐 市/县
	汇出行名称	重庆市工行直属营业部		汇入行名称	长乐镇工行

金额　人民币（大写）　壹仟零玖拾元柒角捌分　　　千百十万千百十元角分 ￥1 0 9 0 7 8

重庆市工行直属营业部
2017.12.20
转讫

支付密码　061912747539

附加信息及用途：
付货款280000元，本月补付1090.78元

汇出行盖章　　　　　　复核　　记账

59-5-5

重庆00151140　　　　重庆增值税专用发票　　№ 28566978　重庆
28566978
发票联　　　　开票日期：2017年12月8日

购买方	名　称	清江水轮机有限责任公司	密码区	172312-4-275 <1+46*54* 82*59* 181321> <8182*59*09618153 </ <4<3*2702-9>9**153 </0 >2-3 *08/4>*> >2-3*0/9/> >25-275 <1
	纳税人识别号	512322123008001		
	地址、电话	重庆市北京路108号		
	开户行及账号	重庆市工行直属营业部518601-110		

货物或应税劳务、服务名称	规格型号	单位	数量	单价	金额	税率	税额
运费			1	261.96	261.96	11%	28.82
合　计					￥261.96		￥28.82

价税合计（大写）　⊗ 贰佰玖拾元柒角捌分　　　（小写）￥290.78

销售方	名　称	市运输公司	备注	
	纳税人识别号	405523656326542		
	地址、电话	重庆市江北区观音桥263号		405523656326542
	开户行及账号	建行562356		发票专用章

收款人：　　　　复核：　　　　开票人：

[业务60] 领用材料,提示:按部门或车间分别填写领料单。在库存和核算模块中处理。其中,车间为其他出库,在核算模块中进行存货对方科目设置,对其他出库对方科目为"制造费用",材料领用出库对方科目为"生产成本——直接材料";制单时与制造费用相关的合并制单,与生产成本相关的合并制单。涉及文件柜等周转材料在总账模块中处理。

60-3-1

领料发放表

申请人：×××　　　　　　领用时间：2017 年12 月15日　　　　　　单位：元

品名及规格	计量单位	领用单位	领用数量	单价	金额	用途
生铁	千克	铸锻车间	200000			生产用
废生铁	千克	铸锻车间	20000			生产用
φ40mm圆钢	千克	金工车间	6000			生产用
φ45mm圆钢	千克	金工车间	2000			生产用
δ8mm钢板	千克	铸锻车间	20000			生产用
δ10mm钢板	千克	铸锻车间	3000			生产用
δ10mm钢板	千克	供电车间	760			生产用
δ10mm钢板	千克	机修车间	1212			生产用
焦炭	千克	铸锻车间	19456			生产用
原煤	千克	铸锻车间	33477			生产用
φ40mm圆钢	千克	金工车间	1627			车间一般耗用
φ40mm圆钢	千克	装配车间	1054			车间一般耗用
φ40mm圆钢	千克	机修车间	200			车间一般耗用
δ10mm钢板	千克	铸锻车间	760			车间一般耗用
合计						

会计：张慧　　　　　　库管员：王飞

60-3-2

领料发放表

申请人：×××　　　　　　领用时间：2017 年12 月15日　　　　　　单位：元

品名及规格	计量单位	领用单位	领用数量	单价	金额	用途
轴承7317	套	金工车间	100	165	16500	生产用
轴承317	套	金工车间	100	115	11500	生产用
110系列螺栓螺母	套	装配车间	800	10	8000	生产用
110发电机50	台	装配车间	15	9000	135000	生产用
110发电机42	台	装配车间	10	4000	40000	生产用
110发电机60	台	装配车间	5	9800	49000	生产用
轴承7317	套	供电车间	20	165	3300	生产用
轴承317	套	机修车间	15	115	1725	生产用
油料	升	铸锻车间	1000	6.50	6500	生产用
油料	升	金工车间	500	6.50	3250	生产用
油漆	千克	装配车间	1000	35	35000	生产用
合计					309775	

会计：张慧　　　　　　库管员：王飞

60-3-3

领料发放表

申请人：×××　　　　　　领用时间：2017 年12 月15日　　　　　　单位：元

品名及规格	计量单位	领用单位	领用数量	单价	金额	用途
文件柜	个	铸锻车间	50	300	15000	办公用
合计					15000	

会计：张慧　　　　　　库管员：王飞

［业务61］ 12月16日,将持有的商业承兑汇票贴现,贴现款存入银行存款户。在销售和核算模块中处理。提示:销售中填写收款结算,贴现利息视为折扣。

61-1-1

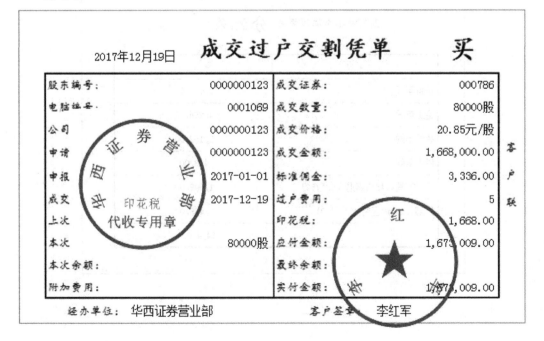

［业务62］ 12月17日,刘江借款8 000元,现金支票支付。

［业务63］ 购入准备短期持有的股票,在总账模块中处理。

63-1-1

[业务 64] 提现备用。

64-1-1

中国工商银行
现金支票存根
10205010
23442539

地区

附加信息

出票日期 2017 年 12 月 18 日

收款人：
　　清江水轮机有限责任公司

金　额：¥14,400.00
用　途：准备支付取暖费

单位主管 李红军　会计 张慧

[业务 65] 用现金发放取暖费用。

65-1-1

2017年冬季取暖费用 分配表

2017 年 12 月 18 日　　　　单位：元

使用部门	分配金额
铸锻车间	3,030.00
金工车间	4,254.00
装配车间	2,152.00
供电车间	428.00
机修车间(346)\离退人员(752)	1,098.00
厂部(2988)/医务人员(450)	3,438.00
合　　计	14,400.00

[业务66] 转账支票支付各部门用的印刷品费用。

66-4-1

66-4-2

66-4-3

中国工商银行
转账支票存根

10201120
40546851

附加信息 _____

_____

出票日期 2017 年 12 月 18 日

收款人：	重庆市南区红光印刷公司
金　额：	￥6,237.39
用　途：	支付印刷费

单位主管　　　　会计

66-4-4

印刷品成本 分配表

2017 年　　12 月　　18 日　　　　　单位：元

使用部门	分配金额
行管部门	1,702.60
金工车间	250.00
铸锻车间	250.00
装配车间	1,797.40
供电车间	238.20
机修车间	238.20
合　计	4,476.40

[业务67] 刘江报销差旅费并退回余款。

67-1-1

[业务68] 12月18日,入库42,50,60型3种型号的产品各10,16,10台,在库存模块中处理。当天,以托收承付方式向拖地电站销售产品,开出转账支票支付代垫运输费。在销售、库存和核算模块操作。提示:此处的入库,只填数量并审核。

68-4-1

68-4-2

中国工商银行
转账支票存根

10201120

附加信息

出票日期 2017 年 12 月 18 日

收款人： 运输公司

金 额： ¥31,000.00

用 途： 代垫运费

单位主管 会计

68-4-3

中国工商银行   托收凭证（受理回单）

1 № 635285

委托日期 2017 年 12 月 18 日

业务类型		委托收款（□邮划、□电划）		托收承付（□邮划、☑电划）											
付款人	全 称	拖地电站	收款人	全 称	清江水轮机有限责任公司									
	账 号	312560		账 号	518601-110									
	地 址	省 拖地县 市县 开户行 农行营业部		地 址	省 市县 开户行 工行直属营业部									
金额	人民币（大写）	捌拾肆万贰仟玖佰捌拾元整			亿 ¥	千 8	百 4	十 2	万 9	千 8	百 0	十 0	元 0	角	分
款项内容			托收凭据名称			附寄单证张数								
商品发运情况	已发运			合同名称号码	95948729									
备注：		款项收妥日期			工行直属营业部 2017.12.18 收款人开户银行签章									
复核	记账			年 月 日	年 月 日									

此联作收款人开户银行给收款人的受理回单

68-4-4

[业务69] 电汇支付购买的车床货款,并交铸锻车间使用。在固定资产模块中处理。

69-4-1

69-4-2

69-4-3

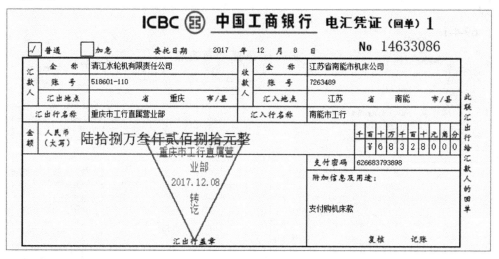

69-4-4

固定资产验收单

2017 年 12 月 18 日   编号：

名称	规格型号	来源	数量	购（造）价	使用年限	预计残值
车床	F-47	外购	1	584,000.00	10	
安装费	月折旧率		建造单位		交工日期	附件
			设备科		2017年12月18日	
验收部门	设备科	验收人员	王强	管理部门	铸锻车间	管理人员	李洋
备注	铸锻车间使用					

审核：李红军   制单：

［业务70］　收到银杏电站银行汇票,结算相关欠货款。在销售和核算模块中处理。

70-1-1

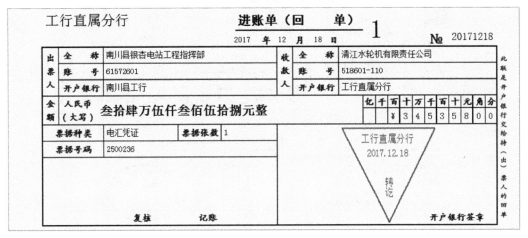

［业务71］　12月18日,以银行汇票购入材料10 mm钢板,材料未入库。在采购和核算模块中处理。提示,增加供应商:030,市外,渠江县钢铁厂;开户行:工行直属营业部;税号:6584444;银行账号:54545454。

71-3-1

71-3-2(提示:钢板厚为 10 mm)

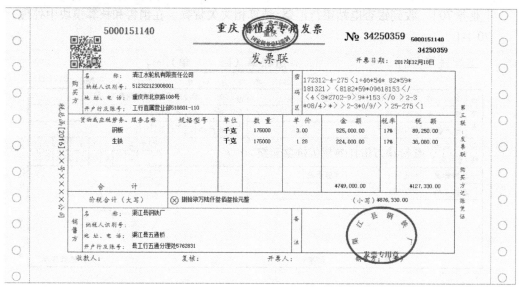

71-3-3

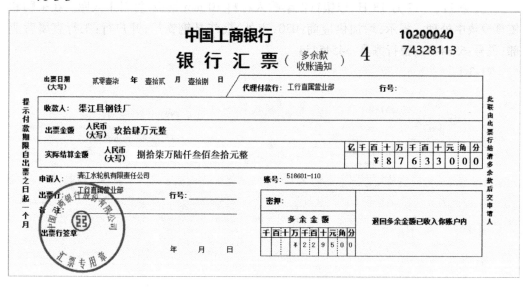

[业务72]　12月19日,预付下年度财产保险与车辆保险费用。

72-2-1

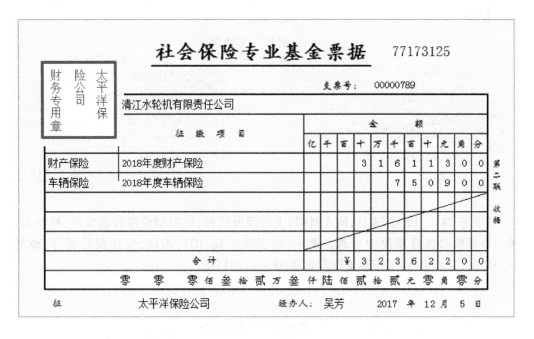

72-2-2

[业务73]　12 月 19 日,处置 2016 年 12 月 14 日购买的国库券。在总账模块中处理。

73-1-1

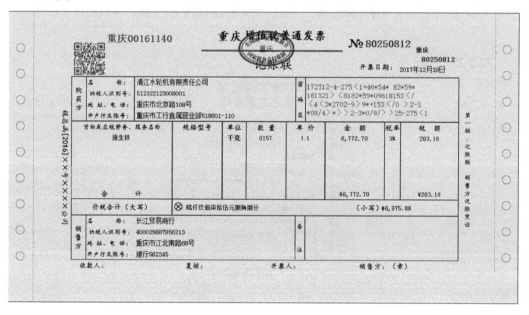

[业务74]　12 月 19 日,购入材料,支付部分货款,取得增值税普通发票,材料未入库。在采购和核算模块中处理。提示,增加供应商:031,市内,长江贸易商行;税号:14555222;开户银行:工行某支行营业部;账号:12544455。

74-2-1

74-2-2

中国建设银行
转账支票存根

10501120
22885777

附加信息

出票日期 2017 年 12 月 19 日

收款人： 长江贸易商行

金　额： ¥6,772.70

用　途： 购废生铁

单位主管　　　会计

[业务75] 12月19日，向长江贸易商行所购的废生铁验收入库。

75-1-1

收 料 单

供应单位：宁汉县长江贸易商行　　　　　　　　　　　　收料单编号：121212
材料类别：原材及主要材料　　　　2017 年 12 月 19 日　　　收料仓库：原材料库

材料编号	名称	规格	单位	数量		实际成本					
				应收	实收	买价		运杂费	其他	合计
						单价	金额			
	废生铁		千克	6157	6157	1.10	6,772.70			6,772.70
合　计				6157	6157		6,772.70			6,772.70
备　注										

仓库主管：李红军　　　　记账：张慧　　　　收料：王飞　　　　制单：王飞

[业务76] 12月19日，材料验收入库。

76-1-1

收 料 单

供应单位：渠江钢铁公司　　　　　　　　　　　　　收料单编号：121213
材料类别：原材及主要材料　　　　2017 年 12 月 19 日　　　收料仓库：原材料库

材料编号	名称	规格	单位	数量		实际成本					
				应收	实收	买价		运杂费	其他	合计
						单价	金额			
	生铁		千克	175000	175000	1.46	254,625.00			254,625.00
	圆钢45mm		千克	175000	175000	3.15	551,250.00			551,250.00
合　计				350000	350000		805,875.00			805,875.00
备　注										

仓库主管：李红军　　　　记账：张慧　　　　收料：王飞　　　　制单：王飞

[业务 77] 产品验收入库,在采购和库存模块中处理。

77-1-1

<table>
<tr><td colspan="10" align="center">产成品入库单</td></tr>
<tr><td>交库单位: 装配车间</td><td colspan="6" align="center">2017 年 12 月 17 日</td><td colspan="3">仓库 产成品库
编号: 169</td></tr>
<tr><td>产品编号</td><td>产品名称</td><td>规格</td><td>计量单位</td><td colspan="2">数量
送检 / 实收</td><td>单位成本</td><td>总成本</td><td colspan="2">备注</td></tr>
<tr><td></td><td>HL110WJ42</td><td></td><td>台</td><td></td><td>8</td><td></td><td>0.00</td><td>自行计算</td><td rowspan="3">12-01</td></tr>
<tr><td></td><td>HL110WJ50</td><td></td><td>台</td><td></td><td>18</td><td></td><td>0.00</td><td>自行计算</td></tr>
<tr><td></td><td>HL110WJ60</td><td></td><td>台</td><td></td><td>4</td><td></td><td>0.00</td><td>自行计算</td></tr>
<tr><td></td><td></td><td></td><td></td><td></td><td></td><td></td><td></td><td></td></tr>
<tr><td>仓库主管: 朱强</td><td colspan="3">保管员: 汪明</td><td colspan="3">记账: 张慧</td><td colspan="3">制单: 汪明</td></tr>
</table>

[业务 78] 12 月 19 日,网银转账预付长乐电机 280 000 元订货款。

[业务 79] 12 月 19 日,向汉中水电开发公司销售产品,货款未收到,以转账支票垫支运费。在销售、库存和核算模块中处理。

79-4-1

<table>
<tr><td colspan="6">5000151140   重庆增值税专用发票   № 76524728   5000151140
76524728</td></tr>
<tr><td colspan="6" align="center">发票联   开票日期: 2017年12月18日</td></tr>
<tr><td rowspan="3">购买方</td><td>名 称: 陕西汉中水电开发公司
纳税人识别号:
地址、电话: 陕西汉中县建华街68号
开户行及账号: 县农行3000897</td><td colspan="4">密码区   172312-4-275 <1+46*54* 82*59*
181321> <8182*59*09618153 </
< 4<3*2702-9> 9*+153 </0 >2-3
08/4>> 2-3*0/9/>25-275<1</td></tr>
<tr><td>货物或应税劳务、服务名称 规格型号 单位 数量 单价 金额 税率 税额</td></tr>
<tr><td>水轮机   42型 台 6 78,000.00 468,000.00 17% 79,560.00
50型 台 4 97,000.00 388,000.00 17% 65,960.00
60型 台 2 116,000.00 232,000.00 17% 39,440.00</td></tr>
<tr><td colspan="5">合 计   ¥1,088,000.00   ¥184,960.00</td></tr>
<tr><td colspan="5">价税合计(大写) ⊗ 壹佰贰拾柒万贰仟玖佰陆拾元整   (小写)¥1,272,960.00</td></tr>
<tr><td>销售方</td><td colspan="5">名 称: 滇江水轮机有限责任公司
纳税人识别号: 512322123008001
地址、电话: 重庆市北京路108号
开户行及账号: 工行直属营业部518601-110</td></tr>
<tr><td colspan="6">收款人: 复核: 开票人:</td></tr>
</table>

79-4-2

中国工商银行
转账支票存根

10201120

附加信息＿＿＿＿＿＿＿＿＿＿
＿＿＿＿＿＿＿＿＿＿＿＿＿＿
＿＿＿＿＿＿＿＿＿＿＿＿＿＿

出票日期 2017 年 12 月 18 日

收款人：	运输公司
金　额：	￥48,000.00
用　途：	垫支运费

单位主管　　　会计

79-4-3

				中国工商银行				托收凭证(受理回单)										
								1 № 442711										

委托日期　2017　年　12　月　18　日

业务类型	委托收款（□邮划、□电划）		托收承付（□邮划、□电划）											
付款人	全　称	陕西汉中水电开发公司	收款人	全　称	清江水轮机有限责任公司									
	账　号	3000897		账　号	518601-110									
	地　址	省　市县 开户行 县农行		地　址	省　市县 开户行 工行直属营业部									

金额	人民币(大写)	壹佰叁拾贰万零玖佰陆拾元整			亿	千	百	十	万	千	百	十	元	角	分
						￥	1	3	2	0	9	6	0	0	0

款项内容		托收凭据名称		附寄单证张数	
商品发运情况	已发运		合同名称号码	39216153	
备注：		款项收妥日期		工行直属营业部 2017.12.18	
			收款人开户银行签章 讫	年　月　日	
复核	记账		年　月　日		

此联作收款人开户银行给收款人的受理回单

79-4-4

		出　库　单				No. 91050601			

购货单位：陕西汉中水电开发公司　　　2017　年　12　月　18　日

编　号	品　　名	规　格	单位	数　量	单价	金　　额	备注
	HL110-WJ-42		台	6		0.00	
	HL110-WJ-50		台	4		0.00	
	HL110-WJ-60		台	2		0.00	
合　计						0.00	

第一联 存根联

仓库主管：　　　　记账：　　　　保管：　　　　经手人：　　　　制单：

[业务80] 12月20日，销售退回。在销售、库存和核算模块中处理。

80-2-1

80-2-2

产成品入库单

| | | | | | | | 仓库： | |
| 交库单位：销售退回 | | | 2017 年 12 月 20 日 | | | | 编号： | 125 |

产品编号	产品名称	规格	计量单位	数量		单位成本	总成本	备注
				送检	实收			
	水轮机	42型	台		1	61,000.00	61,000.00	退回验收准予入库

仓库主管： 保管员： 记账： 制单：

[业务81] 收到涪陵水电的欠款，在销售和核算模块中处理。

81-1-1

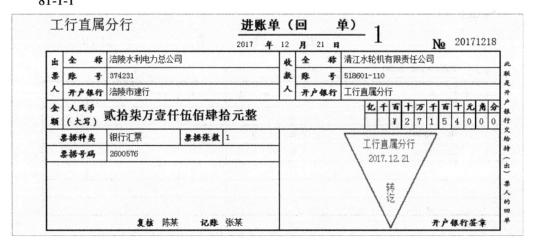

[业务82] 销售产品，货款未收到。在销售、库存和核算模块中处理。

82-2-1

82-2-2

编 号	品　　名	规 格	单位	数 量	单 价	金　　额	备 注
	WJ-60型水轮机		台	2		0.00	
合　　　　计						0.00	

出　库　单　　No. 89594530

购货单位：三星公司　　2017 年 12 月 21 日

仓库主管：　　记账：　　保管：　　经手人：　　制单：

[业务83] 领用材料。按车间不同用途填写出库单,在库存、核算模块中处理。提示:按其他出库单据合并制单,按生产领用出库合并制单。周转材料在总账模块中处理。

83-3-1

领料发放表

申请人:××× 领用时间:2017 年12 月 21 日 单位:元

品名及规格	计量单位	领用单位	领用数量	单价	金额	用途
δ 8mm钢板	千克	金工车间	1000			生产用
δ 8mm钢板	千克	铸锻车间	18000			生产用
δ 8mm钢板	千克	金工车间	3900			生产用
δ10mm钢板	千克	金工车间	760			生产用
δ10mm钢板	千克	铸锻车间	2600			生产用
δ10mm钢板	千克	机修车间	1212			生产用
φ40mm圆钢	千克	金工车间	7000			生产用
废生铁	千克	铸锻车间	21610			生产用
焦炭	千克	铸锻车间	9000			生产用
生铁	千克	铸锻车间	211080			生产用
原煤	千克	铸锻车间	18000			生产用
φ40mm圆钢	千克	铸锻车间	500			车间一般耗用
φ40mm圆钢	千克	装配车间	400			车间一般耗用
φ40mm圆钢	千克	机修车间	200			车间一般耗用
φ45mm圆钢	千克	金工车间	500			车间一般耗用
合计						

会计: 张慧 库管员:王飞

83-3-2

领料发放汇总表

申请人:××× 领用时间: 2017 年12 月 21 日 单位:元

品名及规格	计量单位	领用单位	领用数量	单价	金额	用途
轴承7317	套	装配车间	500	165	82,500	生产用
轴承317	套	装配车间	500	115	57,500	生产用
轴承7317	套	金工车间	300	165	49,500	生产用
轴承317	套	金工车间	300	115	34,500	生产用
110系列螺栓螺母	套	装配车间	2500	10	25,000	生产用
110发电机50	台	装配车间	15	9000	135,000	生产用
110发电机42	台	装配车间	10	4000	40,000	生产用
110发电机60	台	装配车间	4	9800	39,200	生产用
油料	升	铸锻车间	1000	6.5	6.500	生产用
油料	升	金工车间	500	6.5	3250	生产用
油漆	千克	装配车间	1300	35	45,500	生产用
合计					518,450	

会计: 张慧 库管员:王飞

83-3-3(提示:下表属周转材料)

领料发放汇总表

申请人:××× 领用时间: 2017 年12 月 21 日 单位:元

品名及规格	计量单位	领用单位	领用数量	单价	金额	用途
包装箱	个	装配车间	80	50	4,000	生产用
文件柜	个	供电车间	6	500	3,000	办公用
办公桌	张	机修车间	20	400	8,000	办公用
办公椅	张	机修车间	20	80	1,600	办公用
合计					16,600	

会计: 张慧 库管员:王飞

[业务84]　销售产品与材料，收到银行承兑汇票一张，以转账支票支付代垫运输费。在销售、库存和核算模块中处理。提示：此处发电机为42型发电机，先行修改属性具有销售。

84-4-1

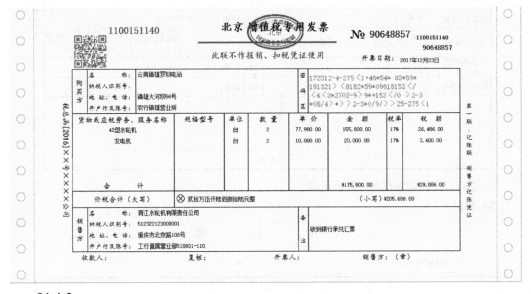

84-4-2

84-4-3

中国工商银行 银行承兑汇票 （存 根）

3 10200050 22745308

出票日期（大写） 贰零壹柒 年 壹拾贰 月 贰拾叁 日

此联由出票人存查

出票人全称	云南省镇雄罗抗电站	收款人	全 称	清江水轮机有限责任公司
出票人账号	62777583		账 号	518601-110
付款行全称	农行云南镇雄		开户银行	工行直属营业部

出票金额 人民币（大写）贰拾壹万肆仟零捌拾陆元整 ￥ 2 1 4 0 8 6 0 0

| 汇票到期日（大写） | | 付款行 | 行号 | |
| 承兑协议编号 | 64075589 | | 地址 | |

备注：

注意：此联不应为存根，而是正票。

84-4-4

出 库 单 No. 36514643

购货单位：云南镇雄罗坝电站 2017 年 12 月 23 日

编 号	品 名	规 格	单位	数 量	单 价	金 额	备 注
	42型水轮机		台	2		0.00	
	发电机		台	2		0.00	外购商品
合				计		0.00	

仓库主管：　　记账：　　保管：　　经手人：　　制单：

第一联 存根联

[业务85]　支付安装费，交付使用。在总账和固定资产模块中处理。提示：与业务36对应。

85-2-1

85-2-2

固定资产交接单

2017年12月23日　　　　　　　　　　　　　　　　　　　单位：元

名称	来源	数量	单价	预计使用年限	使用部门	残值率
V-8	外购	1	80,000	20	铸造车间	4%

说明：机修车间安装完毕交付使用。

[业务86]　12月21日，采用托收承付方式销售产品，货款未收，以转账支票支付代垫运费。在销售、库存和核算模块中处理。

86-4-1

86-4-2

中国工商银行
转账支票存根

10201120

附加信息
_____
_____

出票日期 2017 年 12 月 23 日

收款人: 市运输公司

金　额: ¥6,780.00

用　途: 销售垫付运费

单位主管　　　会计

86-4-3

中国工商银行							托收凭证(受理回单)								
					1　№ 363699										

委托日期		2017 年 12 月 23 日													
业务类型	委托收款 (□邮划、□电划)			托收承付 (□邮划、☑电划)											

	全　称	夹江县水电物资供应公司					全　称	清江水轮机有限责任公司							
付款人	账　号	190037				收款人	账　号	518601-110							
	地　址	省　　市县 开户行 县农行					地　址	省　　市县 开户行 工行直属营业部							

金额	人民币(大写)	贰拾叁万叁仟伍佰贰拾陆元整			亿	千	百	十	万	千	百	十	元	角	分
							¥	2	3	3	5	2	6	0	0

款项内容		托收凭据名称		附寄单证张数	
商品发运情况			合同名称号码	68689163	
备注:	款项收妥日期			工行直属营业部 2017.12.23 收款人开户银行签章 年 月 日	
复核　　记账	年　　月　　日				

86-4-4

出 库 单　　　No. 69874651

购货单位：夹江县水电物资供应公司　　　2017 年 12 月 23 日

编 号	品　　名	规　格	单位	数 量	单 价	金　　额	备 注
	水轮机50型		台	2		0.00	
合			计			0.00	

仓库主管：　　　记账：　　　保管：　　　经手人：　　　制单：

第一联 存根联

[业务87]　12 月 24 日，与南区进出口公司签订销售合同，订于下月 2 日，向南区公司提供 10 台 50 型产品，单价。其他略。

[业务88]　现金支付办公文化用品费用。其中，生产车间是指铸锻、金工和装配 3 个车间，分别分摊办公用品费 15 元、17 元、22 元。在总账模块中处理。

88-3-1

5000151140　重庆增值税专用发票　№ 02147673　5000151140
02147673

发票联　　　开票日期：2017年12月25日

							172312-4-275〈1+46*54* 82*59*
名　称：清江水轮机有限责任公司							181821〉〈8182*59*09618153〈/
纳税人识别号：512322123008001							〈4〈3*2702-9〉9*+153〈/0 〉2-3
地址、电话：重庆市北京路108号							*08/4/*〉2-3*0/9/〉〉25-275〈1
开户行及账号：重庆市工行直属营业部518601-110							

货物或应税劳务、服务名称	规格型号	单位	数量	单价	金 额	税率	税 额
笔记本		本	40	2.20	88.00	17%	14.96
圆珠笔		支	40	0.80	32.00	17%	5.44
圆珠芯		支	80	0.20	16.00	17%	2.72
碳素墨水		瓶	40	0.50	20.00	17%	3.40
稿签本		本	80	1.00	80.00	17%	13.60
合　计					¥236.00		¥40.12

价税合计（大写）　⊗ 贰佰柒拾陆元壹角贰分　　　（小写）¥276.12

销售方	名　称：南区百货公司
	纳税人识别号：400234675856436
	地址、电话：南区二马路126号
	开户行及账号：南区工行营业部516814-118

收款人：　　　复核：　　　开票人：马方

第三联 发票联 购买方记账凭证

88-3-2

88-3-3

办公用品费用分配表	
部门	金额/元
行政部	55
财务部	34
生产车间	43
销售部	60
采购部	44
合计	236

[业务89]　12月25日销售60型产品2台,代垫运费,收到部分款。分开制单,在销售、库存和核算模块中处理。

89-4-1

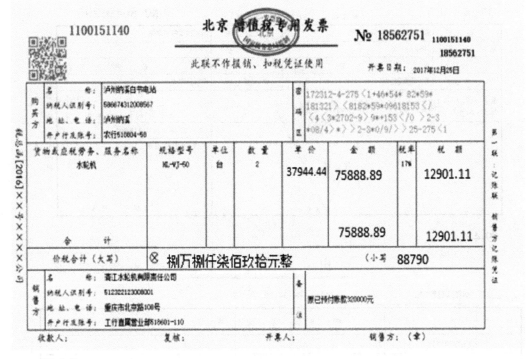

89-4-2

89-4-3

ICBC 中国工商银行	电汇凭证（回单） 1		

NO 86491296

| √ 普通 | □ 加急 | 委托日期 | 2017 年 12 月 25 日 |

汇款人	全 称	清江水轮机有限责任公司	收款人	全 称	泸州纳溪白节电站
	账 号	518601-110		账 号	258167
	汇出地点	省 南 市/县		汇入地点	省 泸州 市/县
	汇出行名称	工行直属营业部		汇入行名称	纳溪县建行

金额	人民币（大写）	捌万捌仟柒佰玖拾元整	千 百 十 万 千 百 十 元 角 分

工行直属营业部
2017.12.25
转讫

支付密码 287114770362

附加信息及用途：

汇出行盖章   复核   记账

此联汇出行给汇款人的回单

89-4-4

出 库 单									No. 23248745

购货单位：泸州纳溪白节电站   2017 年 12 月 25 日

编 号	品 名	规 格	单位	数 量	单 价	金 额	备 注
	水轮机XL-WJ-60	台		2			
合			计				

仓库主管：   记账：   保管：   经手人：   制单：

第一联 存根联

[业务90] 收到客户湖北李子坪电站交来的电汇款,在销售和核算模块中处理。

90-1-1

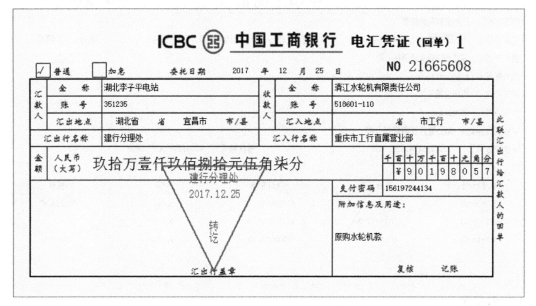

[业务91] 支付长期借款利息及短期借款利息,在总账模块中处理。提示:长期借款应设置明细科目本金与应计利息。

91-3-1

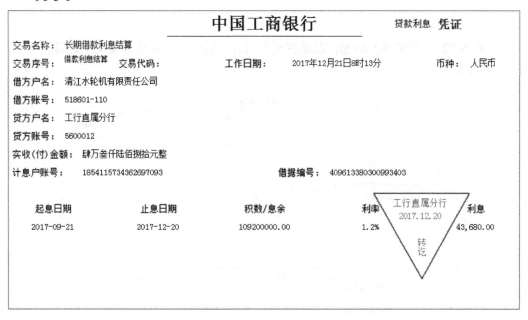

91-3-2

91-3-3

利息账务处理说明

1. 本期长期借款利息共计43680元，借款所建工程尚未完工，计入在建工程；
2. 短期借款利息收入合计61110元，前两月已经预提40000元。

[业务92] 赊销 WJ-50 型产品给三星公司，在销售、库存和核算模块中处理。

92-2-1

92-2-2

出　库　单　　No. 35805264

购货单位：三星公司　　　　2017　年　12　月　25　日

编号	品　名	规　格	单位	数量	单价	金　额	备注
	水轮机		台	1		0.00	
合					计	0.00	

仓库主管：　　记账：　　保管：　　经手人：　　制单：

第一联　存根联

[业务93]　摊销本月财产保险费，在总账模块中处理。提示：通过长期待摊费用核算。

93-1-1

财产保险费分摊表
2017 年 12 月 25 日

部门	分配金额/元
行政部	918.75
铸锻车间	1,385.63
金工车间	20,742.28
装配车间	1.501.54
机修车间	210.74
供电车间	395.14
合计	25.154.08

财务审核：李红军　　　　会计：张慧

［业务94］ 收到客户雅容硫铁矿厂破产清算款,余款作坏账核销。在销售和核算模块中处理。

94-2-1

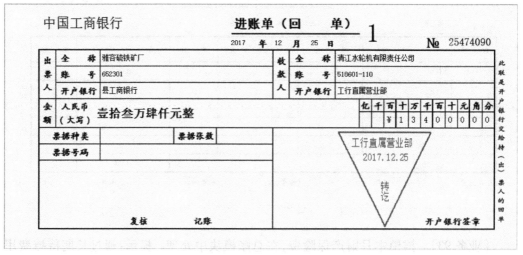

94-2-2

[业务95]　收到从三江钢铁公司购入的材料,发票未收到。

95-1-1

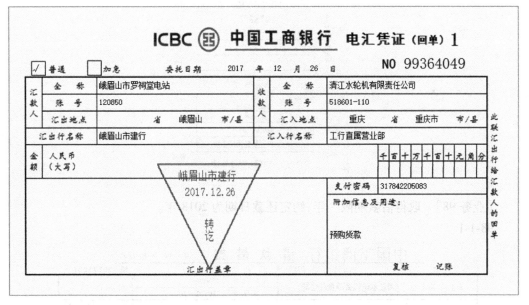

收 料 单

供应单位:三江钢铁公司 　　　　　　　　　　　　　　　　　　　　收料单编号:　17121006

材料类别:　　　　　　　　　　2017　年　12　月　26　日　　　　收料仓库:

材料编号	名称	规格	单位	数量		实际成本				
				应收	实收	买价		运杂费	其他	合计
						单价	金额			
	圆钢	45mm	千克	5000	5000		0.00			0.00
	发票账单尚未收到									
	合　　计			5000	5000		0.00			0.00
	备　　注									

仓库主管:王飞　　　　　记账:　　　　　　　收料:王飞　　　　　制单:

第三联　记账联

[业务96]　支付供应商的购货预付款,金额为10万元。提示:增加供应商,峨眉山市罗祠堂电站;税号:78902554;开户行:峨眉山市建行;账号:120850。

96-2-1

ICBC 图 中国工商银行 电汇凭证(回单)1

NO 99364049

✓普通　　　□加急　　　委托日期　2017　年　12　月　26　日

汇款人	金　称	峨眉山市罗祠堂电站	收款人	金　称	清江水轮机有限责任公司
	账　号	120850		账　号	518601-110
	汇出地点	省　峨眉山　市/县		汇入地点	重庆　省　重庆市　市/县
	汇出行名称	峨眉山市建行		汇入行名称	工行直属营业部

金额　人民币(大写)

千 百 十 万 千 百 十 元 角 分

峨眉山市建行
2017.12.26
转讫

支付密码　317842205083

附加信息及用途:

预购货款

汇出行盖章　　　　　　　　复核　记账

此联汇出行给汇款人的回单

96-2-2

水轮机厂订购单

订购单位	峨眉市罗祠堂电站
订购产品名称	WJ60型水轮机
订购货款	100,000元

审核人:何兴程　　　　　经办人:王红

[业务 97] 支付三星公司投资款。提示：长期股权投资，此处可不设明细核算。

97-2-1

投资协议

甲方：清江水轮机有限责任公司

乙方：三星公司

经甲乙双方协商，达成如下协议：

甲方向乙方投入人民币 86,000 元，双方同意按面值入账。双方按出资比例分红，时间 2017 年 12 月 27 日，从次年计算。

甲方：清江水轮机有限责任公司　　　代表：张兴万

乙方：三星公司　　　　　　　　　　代表：周建华

97-2-2

中国工商银行
转账支票存根

10205020
11078923

附加信息 _____

出票日期 2017 年 12 月 28 日

收款人：	三星公司
金　额：	¥86,000.00
用　途：	付三星公司投资款

单位主管 李红军　会计 张慧

[业务 98] 取得借款期限一年，约定还款日期为 2018 年。

98-1-1

中国工商银行 借款借据　第一联 借据回单

银行编号：10200010		立据： 2017 年 12 月 27 日		№ 20171227		
借款单位名称	清江水轮机有限责任公司	放款账号	420008	利率	0.7%	
		存款账号	518601-110			

借款金额（大写）	捌拾万元整	千 百 十 万 千 百 十 元 角 分
		¥ 8 0 0 0 0 0 0 0

约定还款日期	2018 年 12 月 27 日	借款种类	技改贷款	借款合同号码	000001
展期到期日期	年 月 日				

借款直接用途	1.	4.	还款记录	年	月	日	还款金额	余额
	2.	5.					工行直属分行	
	3.	6.					2017.12.27	

根据签订的借款合同和你单位申请借款规定，经审查同意发放上列金额贷款。

批准人：张新华

中国工商银行
工行直属分行

开户银行： 工行直属分行

（银行转账盖章）

2017 年 12 月 27 日

此联退交借款单位

［业务99］ 转账支付会务费。

99-2-1

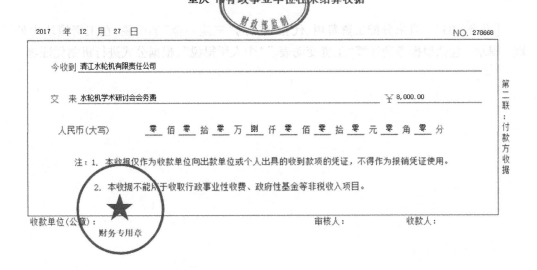

99-2-2

［业务100］ 计提本月固定资产折旧费。

［业务101］ 分摊本月水轮机专利技术费用3 000元。

[业务102]　支付11月职工工资费用。

102-1-1

中国工商银行
转账支票存根

10201120
31550875

附加信息＿＿＿＿＿＿＿

出票日期　2017年 12月 29日

收款人：　李红军等

金　额：　¥226,573.00

用　途：　发工资

单位主管 李红军　会计 张慧

[业务103]　月末分配工资费用、代扣职工的"三险一金"和个税,在工资模块中处理。提示:包括根据考勤计算"工资变动表""个人所得税",根据公式进行机制凭证等。

103-2-1

2017年12月工资数据汇总表

人员编号	姓名	属性	基本工资	奖金	职务工资	应发合计	缴费工资	养老保险 8%	失业保险 1%	医疗保险 2%	住房公积金 10%	代扣税	扣款合计	实发合计
1	张兴万	总经理	6000	8000	7000	21000	18000	1440	180	360	1440	2225	5645	15355
2	陈平	主任	4000	2800	2500	9300	7500	600	75	150	600	325	1750	7550
3	杨春	职员	4600	2200		6800	5000	400	50	100	400	69	1019	5781
4	王华	职员	4600	2200		6800	5000	400	50	100	400	69	1019	5781
5	李红军	经理	4200	2800	2500	9500	7500	600	75	150	600	345	1770	7730
6	张慧	会计	4200	2400		6600	5000	400	50	100	400	63	1013	5587
7	吴芳	出纳	3800	2100		5900	5000	400	50	100	400	42	992	4908
8	陈民	工人	3600	2000		5600	4500	360	45	90	360	36	891	4709
9	李敏	工人	3600	2000		5600	4500	360	45	90	360	36	891	4709
10	叶芳芳	工人	3800	2000		5800	5000	400	50	100	400	39	989	4811
11	杨红	工人	3600	2000		5600	4500	360	45	90	360	36	891	4709
12	陈莉莉	工人	3600	2200		5800	4500	360	45	90	360	42	897	4903
13	李坤强	工人	3600	2000		5600	4500	360	45	90	360	36	891	4709
14	任天桂	工人	3600	2000		5600	4500	360	45	90	360	36	891	4709
15	陈小军	主任	4000	2800	2500	9300	7500	600	75	150	600	325	1750	7550
16	张绍祥	工人	3600	2000		5600	4500	360	45	90	360	36	891	4709
17	聂军	主任	4000	2800	2500	9300	7500	600	75	150	600	325	1750	7550
18	李玟	工人	3600	2200		5800	4500	360	45	90	360	42	897	4903
19	赵晓春	工人	3600	2000		5600	4500	360	45	90	360	36	891	4709
20	华罗地	工人	3600	2000		5600	4500	360	45	90	360	36	891	4709
21	周瑜	工人	3600	2000		5600	4500	360	45	90	360	36	891	4709
22	谭天真	经理	3600	2800	2500	8900	7500	600	75	150	600	117	1542	7358
23	邓华	主任	4000	2800	2500	9300	7500	600	75	150	600	325	1750	7550
24	王月新	工人	3600	2000		5600	4500	360	45	90	360	36	891	4709

103-2-2

2017年12月工资数据汇总表

人员编号	姓名	属性	基本工资	奖金	职务工资	应发合计	缴费工资	养老保险8%	失业保险1%	医疗保险2%	住房公积金10%	代扣税	扣款合计	实发合计
25	李天圣	工人	4000	2800		6800	4500	600	75	150	600	325	1750	7550
26	诸葛芬	工人	3600	2000		5600	4500	360	45	90	360	36	891	4709
27	何兴程	经理	4000	2800	2500	9300	7500	600	75	150	600	325	1750	7550
28	王楠亚	销售员	3600	2300		5900	4500	360	45	90	360	60	915	4985
29	赵紫金	销售员	3600	2300		5900	4500	360	45	90	360	45	900	5000
30	王红	销售员	4200	2300		6500	5000	400	50	100	400	60	1010	5490
31	张志和	采购员	4200	1800		6000	5000	400	50	100	400	45	995	5005
32	刘怡心	采购员	4200	1800		6000	5000	400	50	100	400	45	995	5005
33	周宏武	管理人员	4200	2800	2500	9500	7500	600	75	150	600	345	1770	7730
34	刘江	采购员	4200	1800		6000	5000	400	50	100	400	45	995	5005
35	张洪	采购人员	4200	1800		6000	5000	400	50	100	400	45	995	5005
36	杨华志	采购人员	4200	1800		6000	5000	400	50	100	400	45	995	5005
37	汪明	管理人员	4000	1600		5600	4500	360	45	90	360	36	891	4709
38	王飞	管理人员	4000	1600		5600	4500	360	45	90	360	36	891	4709
39	朱强	管理人员	4000	1600		5600	4500	360	45	90	360	36	891	4709
合计			154200	91200	29500	274900	221500	17720	2215	4430	17720	6242	48327	226573

[业务104] 用现金支付审计费。

104-1-1

重庆 市行政事业单位往来结算收据

2017 年 12 月 29 日 　　　　　　　　　　　　　　　　NO. 4781886

今收到 清江水轮机有限责任公司

交　来 审计费　　　　　　　　　　　　　　　　　￥5,000.00

人民币(大写)　　零 佰 零 拾 零 万 伍 仟 零 佰 零 拾 零 元 零 角 零 分

注：1. 本收据仅作为收款单位向出款单位或个人出具的收到款项的凭证，不得作为报销凭证使用。

2. 本收据不能用于收取行政事业性收费、政府性基金等非税收入项目。

收款单位(公章)：重庆市滨江审计局　　　　审核人：　　　　收款人：万琼

第二联：付款方收据

[业务105] 购入专利技术,转账支付。

105-2-1

重庆 市行政事业单位往来结算收据

2017 年 12 月 26 日 　　　　　　　　　　　　　　　　NO. 4781886

今收到 清江水轮机有限责任公司

交　来 购专用技术款　　　　　　　　　　　　　　￥52,380.00

人民币(大写)　　零 佰 零 拾 伍 万 贰 仟 叁 佰 捌 拾 零 元 零 角 零 分

注：1. 本收据仅作为收款单位向出款单位或个人出具的收到款项的凭证，不得作为报销凭证使用。

2. 本收据不能用于收取行政事业性收费、政府性基金等非税收入项目。

收款单位(公章)：机械研究所　　　　审核人：　　　　收款人：

第二联：付款方收据

105-2-2

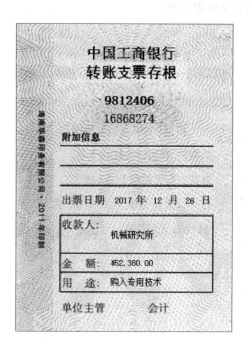

[业务 106]　归还短期借款。

106-1-1

银行（　短期　贷款）还款凭证（回单）

		2017 年 12 月 30 日		原借款凭证银行编号：													
还款单位	名　称	重庆市工行直属营业部	付款单位	名　称	中国人民建设银行												
	往来户账号	518601-110		存款户账号	42006												
	开户银行	重庆市工行直属营业部		开户银行	重庆市建行信托部												
还款时间		2017年12月30日	还款次序			亿	千	百	十	万	千	百	十	元	角	分
还款金额	货币及金额（大写）：	陆仟元整								¥	6	0	0	0	0	0	0
还款原因		流动资金借款														

[业务 107]　根据"本月工资计算汇总表"，计提单位应交的"五险一金"。在工资模块中处理。

[业务108] 交纳11月份单位与个人的社会保险费。

108-1-1

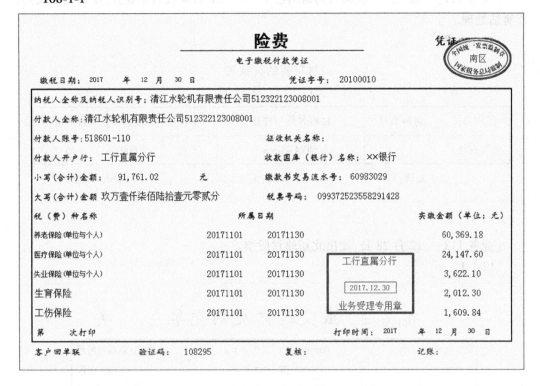

险费

电子缴税付款凭证

缴税日期: 2017 年 12 月 30 日　　凭证字号: 20100010

纳税人全称及纳税人识别号: 清江水轮机有限责任公司5123221230008001

付款人全称: 清江水轮机有限责任公司5123221230008001

付款人账号: 518601-110　　　征收机关名称:

付款人开户行: 工行直属分行　　收款国库(银行)名称: ××银行

小写(合计)金额: 91,761.02　元　　缴款书交易流水号: 60983029

大写(合计)金额 玖万壹仟柒佰陆拾壹元零贰分　　税票号码: 0993725235558291428

税(费)种名称	所属日期		实缴金额(单位: 元)
养老保险(单位与个人)	20171101	20171130	60,369.18
医疗保险(单位与个人)	20171101	20171130	24,147.60
失业保险(单位与个人)	20171101	20171130	3,622.10
生育保险	20171101	20171130	2,012.30
工伤保险	20171101	20171130	1,609.84

第　次打印　　　　　　　　打印时间: 2017 年 12 月 30 日

客户回单联　　验证码: 108295　　复核:　　　记账:

工行直属分行 2017.12.30 业务受理专用章

[业务109] 按14%计提职工福利费。在工资模块中,按本月"应发合计"进行操作制单。

[业务110] 收到12月15日从重庆日杂公司购买的油漆,已验收入库900千克,发生短缺100千克,原因待查。

110-1-1

收 料 单

供应单位: 华南市日杂公司　　　　　　　　　　　收料单编号: 98121007

材料类别: 辅助材料　　　　2017 年 12 月 29 日　　收料仓库: 辅助材料库

材料编号	名称	规格	单位	数量		实际成本				
				应收	实收	买价		运杂费	其他	合计
						单价	金额			
	油漆		千克	1000	900	10.80	9,720.00			9,720.00
	合　计			1000	900		9,720.00			9,720.00
	备　注									

仓库主管:　　　　记账:　　　　收料:　　　　制单:

第三联 记账联

[业务 111]　从三江钢铁购入的材料已于 12 月 26 日验收入库业务,发票仍未收到,作暂估处理。

111-1-1

材料暂估价款表					
2017 年 12 月 31 日					
供货单位	材料编号	材料名称与规格	单位	数量	暂估价
三江钢铁厂		圆钢 45mm	千克	5,000	15
复核:刘江		验收:王飞		制表:张慧	

[业务 112]　12 月 28 日,卖出北新建材股票。

112-1-1

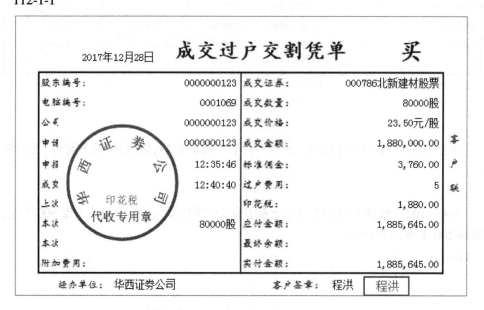

［业务113］　月末,各车间退回本月领用未用完的原材料,进行假退料处理。提示：按车间填写领料单,在库存和核算模块中处理。

113-1-1

领料申请表

申请人：　　　　申请时间：2017 年 12 月 31 日　　　　需求时间：2017 年 12 月 31 日

品名及规格	单位	请领数量	实发数量	单价	备注
生铁	铸造车间	-1,780	-1,780	1.3	假退料
废生铁	铸造车间	-1,771	-1,771	1.2	假退料
钢板8mm	金工车间	-1,096.25	-1,096.25	4	假退料

申请人：　　　　车间主管：李某　　　　仓管员：王飞　　　　会计：张慧

［业务114］　计提企业的房产税、土地使用税和车船使用税。提示：在总账模块中处理,计入税金及附加。

114-1-1

房产税、土地使用税和车船使用税计提表
2017 年 12 月 30 日

税种	计提金额
房产税	10,000
土地使用税	4,000
车船使用税	364
合计	14,364

审核：李红军　　　　制表：张慧

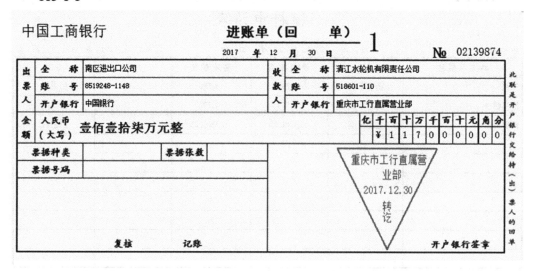
[业务115] 12月30日,收到南区进出口公司的订货款。提示:在销售和核算模块中处理,作预收款。

115-1-1

中国工商银行　　进账单（回　　单）1　　№ 02139874

2017 年 12 月 30 日

出票人	全　称	南区进出口公司	收款人	全　称	清江水轮机有限责任公司
	账　号	8519248-1148		账　号	518601-110
	开户银行	中国银行		开户银行	重庆市工行直属营业部

金额 人民币（大写） 壹佰壹拾柒万元整　　　　¥ 1 1 7 0 0 0 0 0 0

（亿 千 百 十 万 千 百 十 元 角 分）

| 票据种类 | | 票据张数 | |
| 票据号码 | | | |

重庆市工行直属营业部
2017.12.30
转讫

复核　　记账　　　　　　　　　　　开户银行签章

此联是开户银行交给持（出）票人的回单

[业务116] 归还银行短期借款。

116-1-1

银行（　　贷款　　）还款凭证（回单）

2017 年 12 月 30 日　　原借款凭证银行编号:

还款单位	名　称	工行直属营业部	付款单位	名　称	清江水轮机有限责任公司
	往来户账号	518601-110		存款户账号	
	开户银行	工行直属营业部		开户银行	
还款时间			还款次序		
还款金额	货币及金额（大写）:	壹佰贰拾万元整			¥ 1 2 0 0 0 0 0 0 0
还款原因					

工行直属营业部
收讫

[业务117]　支付广告费。

117-2-1

重庆市行政事业单位往来结算收据

2017　年　12　月　30　日　　　　　　　　　　　　　　NO. 4781886

今收到　清江水轮机有限责任公司

交　来　电视广告费（2017年1—12月）　　　　　　　　￥900,000.00

人民币（大写）　　零 佰 玖 拾 零 万 零 仟 零 佰 零 拾 零 元 零 角 零 分

注：1.本收据仅作为收款单位向出款单位或个人出具的收到款项的凭证，不得作为报销凭证使用。

　　　2.本收据不能用于收取行政事业性收费、政府性基金等非税收入项目。

收款单位（公章）：重庆市电视台　　　　　　审核人：　　　　　　收款人：

第二联：付款方收据

117-2-2

中国工商银行
转账支票存根

10205020
58237497

附加信息

出票日期　2017　年　12　月　30　日

收款人：　重庆市电视台

金　额：　￥900,000.00

用　途：　广告费

单位主管　　　会计

[业务 118]　用存款支付本月电费，以及本月各部门的电费分配表。

118-4-1

118-4-2

118-4-3

中国工商银行
转账支票存根

10201120
57106777

附加信息 _____

_____

_____

出票日期 2017 年 12 月 30 日

收款人: 重庆市电力公司

金　额: ¥26,080.00

用　途: 付电费

单位主管　　　会计

118-4-4

电费分配表　单位:元	
部门	金额
行政部	2,000
财务部	1,500
铸锻车间	8.000
金工车间	5,000
装配车间	2,000
销售部	4,000
采购部	1,500
合计	24,000

[业务 119]　收到明峡电力集团鱼背山电站的预付款,存入银行。在销售和核算模块中处理。

119-1-1

中国工商银行　　　　　　　　　　　进账单（回　　单）　　　1　　　№ 20852909

2017　年　12　月　30　日

出票人	全　称	明峡电力集团鱼背山电站	收款人	全　称	清江水轮机有限责任公司
	账　号	7473986		账　号	518601-110
	开户银行	市建行太白分理处		开户银行	重庆市工行直属营业部

金额　人民币（大写）　伍拾万元整　　　亿千百十万千百十元角分　¥ 5 0 0 0 0 0 0 0

票据种类　　　　　　票据张数

票据号码

重庆市工行直属营业部
2017.12.30
转讫

复核　　　记账　　　　　　　　　　　　开户银行签章

此联是开户银行交给持（出）票人的回单

[业务 120]　收到云南丽江水电公司的购货款和陕西汉中水电站的货款。

120-2-1

中国工商银行　　　　　　　　　　　进账单　（收账通知）　　3　　　№ 45476117

2017　年　12　月　30　日

出票人	全　称	云南丽江水电公司	收款人	全　称	清江水轮机有限责任公司
	账　号	618943		账　号	518601-110
	开户银行	丽江县建行		开户银行	工行直属营业部

金额　人民币（大写）　玖拾陆万零叁佰元壹分　　亿千百十万千百十元角分　¥ 9 6 0 3 0 0 0 1

票据种类　　　　　　票据张数

票据号码

工行直属营业部
2017.12.30
转讫

复核　　　记账　　　　　　　　　　　　收款人开户银行签章

此联是收款人开户银行交给收款人的收账通知

120-2-2

中国工商银行		进账单（收账通知） 3		2017 年 12 月 30 日		№ 95843475

出票人	全 称	陕西汉中水电站	收款人	全 称	清江水轮机有限责任公司
	账 号	3000897		账 号	518601-110
	开户银行	县农行		开户银行	工行直属营业部

金额	人民币（大写）	壹佰叁拾贰万零玖佰陆拾元整		亿 千 百 十 万 千 百 十 元 角 分
				¥ 1 3 2 0 9 6 0 0 0

票据种类		票据张数		
票据号码				工行直属营业部 2017.12.30 转讫

复核　　　　记账　　　　　　　　　　　　　收款人开户银行签章

（此联是收款人开户银行交给收款人的收账通知）

[业务 121]　金工车间刨床大修理领用耗材 10 mm 钢板，并支付修理费 2 000 元。在库存、核算和总账模块中处理。

121-2-1

领 款 单

现金付讫　　　2017 年 12 月 30 日

单 位	金工车间		姓 名	李某某
今领到	金工车间刨床大修理费			
金额（大写）	贰仟元整		小写¥	2,100.00
			扣税¥	100.00
领导审批	同意	领款人	李某某	实发¥ 2,000.00

会计主管　李红军　　　审核　张慧　　　　出纳　吴芳

121-2-2

领 料 单

领料部门：金工车间
用　　途：刨床大修用　　2017 年 12 月 30 日　　编号：20171230

材料编号	材料名称	规格	计量单位	数量		成 本	
				请领	实发	单价	金额
	钢板	10mm	千克	250	250	4.00	1,000.00
	合　计			250	250		1,000.00

主管：　　记账：张慧　　　仓管主管：朱强　　　领料：李某　　发料：王飞

[业务 122]　产品验收入库,在库存模块中处理。

122-1-1

<table>
<tr><td colspan="9" align="center">**产成品入库单**</td><td>仓库</td><td>产成品库</td></tr>
<tr><td colspan="2">交库单位: 装配车间</td><td colspan="5" align="center">2017　年　12　月　24　日</td><td colspan="2">编号: 874</td></tr>
<tr><td rowspan="2">产品编号</td><td rowspan="2">产品名称</td><td rowspan="2">规格</td><td rowspan="2">计量单位</td><td colspan="2">数量</td><td rowspan="2">单位成本</td><td rowspan="2">总成本</td><td rowspan="2">备注</td></tr>
<tr><td>送检</td><td>实收</td></tr>
<tr><td></td><td>HL110WJ42</td><td></td><td>台</td><td></td><td>12</td><td></td><td>0.00</td><td>自行计算</td></tr>
<tr><td></td><td>HL110WJ50</td><td></td><td>台</td><td></td><td>16</td><td></td><td>0.00</td><td>自行计算</td></tr>
<tr><td></td><td>HL110WJ60</td><td></td><td>台</td><td></td><td>0</td><td></td><td>0.00</td><td>自行计算</td></tr>
<tr><td></td><td></td><td></td><td></td><td></td><td></td><td></td><td></td><td></td></tr>
<tr><td colspan="2">仓库主管: 朱强</td><td colspan="2">保管员: 汪明</td><td colspan="2">记账: 张慧</td><td colspan="3">制单: 汪明</td></tr>
</table>

[业务 123]　12 月 30 日,归还基建贷款。

123-1-1

<table>
<tr><td colspan="9" align="center">**银行(长期 贷款) 还款凭证(回单)**</td></tr>
<tr><td colspan="4" align="center">2017 年 12 月 30 日</td><td colspan="5">原借款凭证银行编号:</td></tr>
<tr><td rowspan="3">还款单位</td><td>名 称</td><td colspan="2">重庆市工行直属营业部</td><td rowspan="3">付款单位</td><td>名 称</td><td colspan="3">中国人民建设银行</td></tr>
<tr><td>往来户账号</td><td colspan="2">518601-110</td><td>存款户账号</td><td colspan="3">420006</td></tr>
<tr><td>开户银行</td><td colspan="2">重庆市工行直属营业部</td><td>开户银行</td><td colspan="3">重庆市建行信托部</td></tr>
<tr><td colspan="2">还款时间</td><td colspan="3">2017年12月30日</td><td colspan="2">还款次序</td><td colspan="2"></td></tr>
<tr><td colspan="2">还款金额</td><td colspan="4">货币及金额
(大写) 2017.1肆佰零伍万壹仟肆佰陆拾肆元柒角贰分</td><td colspan="3">亿 千 百 十 万 千 百 十 元 角 分
　　　　¥ 4 0 5 1 4 6 4 7 2</td></tr>
<tr><td colspan="2">还款原因</td><td colspan="7">基建贷款</td></tr>
</table>

[业务 124]　计算确认应享有子公司三星公司当年实现净利润金额,并进行账务处理。在总账模块中处理。

124-1-1

业务提示

　　清江水轮机有限责任公司在三星公司投资占总额 60%,当年三星公司实现净利润 535,508.12 元确定做本企业的投资权益。

财务科 XXX
2017 年 12 月 30 日

［业务 125］ 审核记账凭证，并记账。

［业务 126］ 采用直接分配法分配机修车间与供电车间本月发生的辅助生产成本，并按提供的资料分配结转。

126-1-1

车间、部门辅助劳务耗用表(采用直接分配法，保留两位小数)

受 益 对 象	用电量/千瓦时	机修工时/时
供电车间		800
机修车间	4,000	
铸锻车间——生产用	14,000	
——车间用	1,000	1,000
金工车间——生产用	20,000	
——车间用	2,000	2,000
装配车间——生产用	11,000	
——车间用	1,000	1,500
企业管理部门	7,000	500
基建部门	20,000	500
对外服务		2,500
合 计	80,000	8,800

［业务 127］ 将各生产车间的制造费用结转入本车间的"生产成本——制造费用"(产品：水轮机)。提示：可采用自定义转账公式。

[业务 128]　根据给定的资料，采用约当产量法计算铸锻车间完工产品各成本费用项目应分摊的成本金额，并将完工产品按成本费用项目结转入金工车间对应水轮机的生产成本费用项目中，作为企业本期投入的生产成本。提示：在总账模块中处理，可采用自定义转账公式完成。

128-1-1

项　目	车　间		
	铸造	金工	装配
月初在产品数量/台	8	12	14
本月完工数量/台	100	110	110
月末在产品数量/台	10	2	14
本月完工程度	50%	50%	50%
原材料投入方式	一次	陆续	陆续

[业务 129]　根据资料，采用约当产量法计算金工车间完工产品各成本费用项目应分摊的成本金额，并将完工产品按成本费用项目结转入装配车间对应水轮机的生产成本费用项目中，作为企业本期投入的生产成本。提示：在总账模块中处理，可采用自定义转账公式完成。

[业务 130]　根据资料，计算装配车间水轮机本期各费用项目汇总的成本，采用约当产量法分配计算装配车间"完工产品——水轮机"的各项目费用成本。

[业务 131]　根据业务 130"完工产品——水轮机"成本项目费用的计算金额，按照本企业给定的成本核算资料，包括 3 种型号产品的验收入库数量、材料标准质量消耗定额和单位工时定额，分配计算每种产品应分摊的直接材料费、直接人工费和制造费用金额，填入产品成本计算分配表中，计算出每种型号产品的总成本。在核算模块中，对应录入每种完工产品的生产总成本，完成相关的操作，并核算制单。

131-2-1

公司各产品的单位产品标准质量消耗、单位工时定额

产品名称	产量/台	单位产品标准质量/千克	单位产品工时定额
WJ-42	40	6,100	50
WJ-50	60	7,600	55
WJ-60	10	9,000	80

131-2-2

产品成本计算分配表

成本项目	WJ-42	WJ-50	WJ-60	合计
直接材料费				
直接人工费				
制造费用				
合 计				

［业务132］ 根据本月应交增值税的金额,计提本月城市维护建设税(7%)和教育费附加(3%)。

［业务133］ 出纳签字;审核、记账。

［业务134］ 采购结账、销售结账、库存结账。核算全部仓库"月末处理";根据加权平均单价,进行销售等出库单记账,并结转主营业务成本等。

［业务135］ 审核、记账。结转期间损益。

［业务136］ 计算并结转本年应交所得税,编制相关分录。

［业务137］ 按税后净利润10%计提法定盈余公积,剩下余额按70%向投资者分配利润,30%结存下年。将"本年利润"转入"利润分配——未分配利润"贷方。将"利润分配"各明细账转入"利润分配——未分配利润"借方。

［业务138］ 完成所有凭证的审核、记账。

［业务139］ 工资模块结账。

［业务140］ 固定资产结账。

［业务141］ 总账结账,若因软件原因不能进行工资结账,则不进行工资与总账结账。

［业务142］ 利用报表模块生成清江水轮机有限责任公司2017年12月"利润表""资产负债表"。

项目五　出纳业务处理

【任务目标】

掌握现金与银行存款的登记方法以及银行存款对账与余额调节表的编制。

【具体内容】

一、登记日记账的期初余额

(1)库存现金期初余额为 5 200.80 元。

(2)银行存款日记账的期初余额 5 572 732.58 元,银行对账单的期初余额5 579 752.58 元。银行存款期初未达账项见表 5-1 和表 5-2。

表 5-1　12 月初单位未达账(银行已入账,而单位尚未入账)

日期	对账单	摘要	结算凭证号	借贷	金额/元
11 月 30 日				借	100 000

表 5-2　12 月初银行未达账(单位已入账,而银行尚未入账)

日期	对账单	摘要	结算凭证号	借贷	金额/元
11 月 30 日				贷	7 020

二、登记现金日记账和银行存款日记账

登记现金日记账和银行存款日记账的本期发生业务,结出账面余额。

三、月末进行银行对账,编制余额调节表

由于业务较多,难免对结算号与结算方式考虑不周。因此,建议选择放宽条件进行对账,见表 5-3。

表 5-3　清江水轮机有限责任公司工商银行对账单

2017 年 12 月

日期	对账单号	摘要	结算凭证号	借/贷	金额/元
2017-12-01	1	采购汽油	76640512	借	23 166
2017-12-01	1	支付货款	17034235	借	249 098.20
2017-12-01	1	从银行提取现金	13494352	借	37 000
2017-12-02	1	支付货款	17034228	贷	200 000
2017-12-02	1	取得银行借款	3617	贷	200 000
2017-12-02	1	付运费	10201120	借	35 000
2017-12-02	1	交纳房产税等	20100010	借	25 840
2017-12-03	1	向工行借款	7645	贷	750 000
2017-12-03	1	收回前欠贷款	00308357	贷	200 600
2017-12-03	1	办理银行汇票	10002	借	940 000
2017-12-03	1	石棉电力公司	018	借	20 000
2017-12-05	1	支付社会保险费	98557640979	借	91 761.02
2017-12-04	1	购买办公用品	20466667	借	1 019.15
2017-12-04	1	预付订货款	66080698	贷	320 000
2017-12-05	1	支付住房公积金	70890910702	借	43 700
2017-12-05	1	收回前销货款		借	932 490
2017-12-05	1	支付运费	10201120	借	148 500
2017-12-06	1	购文件柜	58931717	借	21 177
2017-12-07	1	收原销货款		借	229 300
2017-12-08	1	采购生铁		贷	270 000
2017-12-08	1	向工行贷款		借	2 000 000

续表

日期	对账单号	摘要	结算凭证号	借/贷	金额/元
2017-12-08	1	购材料	17034237	贷	675 320
2017-12-08	1	购材料	17012388	贷	109 384
2017-12-08	1	支付前欠货款	17034238	贷	369 817.60
2017-12-08	1	购材料	17012387	贷	1 310 400
2017-12-09	1	提现	17023566	贷	40 000
2017-12-10	1	预付保险费	17012390	贷	323 622
2017-12-11	1	购材料	17034239	贷	4 235.40
2017-12-11	1	托收	17012391	贷	4 537
2017-12-11	1	收回前销货款	17012522	借	1 467 180
2017-12-13	1	代垫运费	17012392	贷	2 440
2017-12-13	1	收回投资		借	142 000
2017-12-14	1	代垫运费	17012393	贷	7 595
2017-12-14	1	销售	17123006	借	1 020 825
2017-12-14	1	现金存入银行		借	2 000
2017-12-15	1	收回前销货款		借	8 000
2017-12-15	1	购材料	081	贷	12 636
2017-12-15	1	出售残料收入	15	借	1 568
2017-12-16	1	贴现	89	借	17 920
2017-12-17	1	现金存入银行		借	4 100
2017-12-18	1	提现	170123567	贷	14 400
2017-12-18	1	印刷费	17012394	贷	5 237.39
2017-12-18	1	代垫运费	17012395	贷	31 000
2017-12-18	1	付机床费	17012396	贷	683 280
2017-12-18	1	收前欠货款		借	345 358
2017-12-18	1	收款	221	借	2 295
2017-12-19	1	国库券到期		借	16 200
2017-12-19	1	购进	17012396	贷	6 772.70

续表

日期	对账单号	摘要	结算凭证号	借/贷	金额/元
2017-12-19	1	收货款	17012317	贷	48 300
2017-12-20	1	安装费	17012397	贷	5 000
2017-12-20	1	付货款		贷	90 675
2017-12-20	1	付货款	31	贷	1 090.78
2017-12-21	1	退货款	17034240	贷	88 790
2017-12-21	1	收货款		借	901 170.57
2017-12-28	1	付投资款	17012403	贷	86 000
2017-12-28	1	借款		借	800 000
2017-12-29	1	收货款		借	1 170 000
2017-12-30	1	归还借款		贷	1 204 800
2017-12-30	1	收回货款		借	2 281 260.01